LIBERAL
ARTS
COLLEGE

Discover
ディスカヴァー

リベラルアーツの学び方

エッセンシャル版

瀬木比呂志

はしがき――

リベラルアーツをあなたのものに

知は力である

――フランシス・ベーコン

この本は、若手・中堅のビジネスパーソン、学生、一般社会人・読書人を対象として、僕の考えるリベラルアーツの全領域を紹介するとともに、それをいかに学ぶかについて語る書物『リベラルアーツの学び方』のエッセンシャル版です。

僕の考え方を具体的に知っていただくには、個々の書物や作品の分析、解説も重要なのですが、この本では、スペースの関係から、書物はタイトルのみとして分析、解説は省き、芸術については作品名自体も全部省いています。それらを読み、また、図版も楽しみたいという方は、オリジナル版の書物も引き続き刊行されていますから、参考にしてください。

なお、本書では、分析、解説を省いた関係から、個々の書物のうち、ことにお薦《すす》めできるものについては、その下の罫《けい》線を二重（〓）にしておきました。

「リベラルアーツ」の起源は、ギリシア・ローマ時代にまでさかのぼり、当時は、自由人（奴隷を所有することが許されている人、つまり、奴隷ではない人）が学ぶ必要のある自由七科《しちか》、具体的には文法学、修辞学、論理学、算術、幾何学、天文学、音楽を意味しました。現在の大学でいえば教養課程に属する科目ということになります。

しかし、近年注目されている意味での「リベラルアーツ」は、大学における基本科目という趣旨よりも、そのもともとの意味、すなわち、「人の精神を自由にする幅広い基礎的学問・教養」という趣旨で、とりわけ、その横断的な共通性、つながりを重視する含みをもって用いられる言葉だといってよいでしょう。

つまり、実践的な意味における生きた教養を身につけ、自分のものとして消化する、そして、それらを横断的に結び付けることによって広い視野や独自の視点を獲得し、そこから得た発想を生かして新たな仕事や企画にチャレンジし、また、みずからの人生をより深く意義のあるものにする、そうしたことのために学ぶべき事柄を、広く「リベラルアーツ」と呼んでよいと思います。そのような意味におけるリベラルアーツは、自然・社会・人文科学のみならず、広い意味での思想、批評、ノンフィクション、そして各種の芸術までをも含むでしょう。

日本の大学では学べず独学が必要なリベラルアーツ

日本でも、一部の大学には教養学部が存在します。僕の卒業した東京大学にも教養学部があります。東大の一、二年生は、皆、駒場の教養学部に属していて、三年生になるとそれぞれの専門学部（教養学部後期課程を含む）に進学してゆくわけです。

しかし、そのような大学は日本ではごくわずかであり、また、そうした大学においても、先に記したような意味でのリベラルアーツが十分に教えられているかといえば、それは疑問です。教養学部のカリキュラムも要するに諸学の寄せ集めにすぎず、それらの間の横断的共通性はほとんど意識されていません。

また、日本の大学には、自由な精神とはほど遠い学部や学科ごとに細かく分断されたセクショナリズムの伝統があって、教授たちの教え方も、上から下に知識を下げ渡す方向の権威主義的なものである場合が多く、少人数の対話型演習もあまり行われていません。つまり、欧米の大学のようにリベラルアーツを体系的、系統的に学ぶことができるようなシステムにはなっていないのです。

これに対し、ヨーロッパの大学にはギリシア・ローマ時代以来のリベラルアーツ教育、学際的教育の伝統がありますし、アメリカには、第1部でもふれるとおり、少人数でリベラルアーツを深く学ばせることを目的としたリベラルアーツカレッジが存在します。
以上のような日本における大学のあり方、教育のあり方の欠陥は、やはり第1部でふれる「タコツボ型社会」の弊害《へいがい》、その構造的な問題の帰結でもあります。

学生たちも、一般的にいえば、ただ修了のために必要な単位をこなしているだけで、主体的に学問の本質やほかの分野との関連を学ぼうという姿勢には乏しいといわれています。したがって、教養学部あるいは教養課程は終えたがリベラルアーツあるいはその本質、精神はあまり身についていない、という結果になりがちです。

これは、日本における外国語、ことに英語教育について起こっている事態に似ています。中学校から大学前期まで八年間も英語を学んでも、それだけで簡単な日常会話やビジネス会話ができる学生はほとんどいませんし、手紙のような日常的な書面でも、短い時間で書ける人はまれです。本当に英語を身につけるためには、各種の教材等を利用して自分で学ぶしかないのが現実です。

リベラルアーツについても全く同様であり、大学で学んだ基礎的教養を本当に自分のものにするためには、独学が必要なのです。

この本は、そのためのお手伝いをするもの、リベラルアーツの各分野とその特質を解説し、すぐれた書物を（オリジナル版では芸術作品も）紹介するとともに、「リベラルアーツの学び方」について解説する書物です。「リベラルアーツの学び方」はそれなりに高度な技術ですが、本書では、それを、できる限り、興味深く、わかりやすく、楽しく学んでいただくことができるように努めています。

現代においてリベラルアーツを学ぶことが求められている理由

リベラルアーツを学ぶことの意味、その学び方を身につけることの意味について、さらに考えてみましょう。

現在の日本は、バブル経済崩壊後の停滞の時代に入ってから久しいといわれます。その停滞の根本的原因は構造的、経済的なものです。しかし、同時に、世界のあり方が大きく変わったにもかかわらず、日本が、また僕たち日本人が、これまでの古い枠組み、たとえば、「東大をはじめとする官学（権力が正統として認め、統治や支配のよりどころとした学問）的な学風の強い大学で、行政・司法官僚を養成し、彼らに民間を指導させる」といった、明治時代以来推し進め、先の大戦における敗戦で仕切り直しと修正を行いながらもその基本は変えてこなかった枠組みに固執していることの問題も、大きいと思います。

このような枠組みでは、官僚の劣化がそのまま国家や社会の劣化を招き、また、人々が自分で考え、決断する力も育たない。そのことが明らかになってきているのに、誰もその枠組みを作り替えられないでいるのが、現在の日本だと考えます。

単線的な成長が終わり、生涯雇用の原則も崩れ、グローバルな競争力が必要となった今こそ、そのような世界で生き抜いてゆくための基本的方法・戦略として、個々の人間が、自分の頭で考え、自分の頭で判断して、みずからの人生に新たな局面を切り開いてゆくことが求められています。

また、それは絶対に必要なことでもあります。たとえば官僚や政治家、あるいは経済界や企業の上層部等の人々が設定した枠組みを一歩も超えずにその中で努力しているだけでは、もう、だめなのです。近年の政治、行政、司法の劣化、中心的な政治家、官僚、裁判官、学者等の劣化、国家や社会の将来の方向を見据えてきちんとした議論や検証を行う姿勢の欠如、そのために生じているさまざまな制度・システムの問題、一例を挙げれば国家の財政問題、原発事故と原子力発電のあり方、エネルギー政策をめぐる問題、そうした事柄をみれば、官僚主導の「護送船団方式」的なやり方がもはや機能していないことは明白だと思います。

個々の日本人が自分の力で考えなければ、自分自身の人生を主体的に切り開いてゆくことも、企業等の集団、あるいは社会や国家の、新たな、そして自由でより豊かな枠組みを作ってゆくことも、難しいでしょう。
そのような意味で、考える方法や感じる方法の生きた蓄積であるリベラルアーツは、個々人がみずから考え、発想し、自分の道を切り開いてゆくための基盤として、まず第一に必要とされるものではないかと思います。

しかし、現代の若者には、かつてに比べてもこうした教養、リベラルアーツが不足しているとの指摘があります。インターネットからいろいろな情報は得ているが、それらを統合する核になるような基本的な知識、方法が不足している。旺盛《おうせい》で幅広い好奇心に欠け、考える力が弱い。物事の本質をとらえる力、異質なものの間に共通点を見出してそれらを統合する力が弱い。マニュアル指向で指示されたことはそつなく効率よくこなせるが、自分で新しいものを作り出すのは苦手。たとえばそうした言葉、苦言を、その指摘が本当に正しいか否かはおくとして、経営者をはじめとする社会のリーダーたちからよく聞きます。

これは、ある意味世界的な傾向、ことにその中でも相対的に豊かないわゆる先進諸国に共通してみられる傾向であり、情報の氾濫《はんらん》や教育・受験制度のあり方等の構造的な問題にも大きな原因があります。

こうした国々では、若者たちは、めまぐるしい時代の変化、生活様式のアップデートについてゆくことで精いっぱいになりがちです。僕自身、法科大学院で教えている学生たちをみていても、そうした傾向は否定できないと思います。

けれども、その結果として、現代の若者たちが失っているものも多いことは、考えてみる必要があるでしょう。考える力や考える方法、新たな発想、勇気あるチャレンジ精神、そうしたものは、知性、感性に基礎力がないと、なかなか養われません。その基礎力がないと、競争にも弱くなりますし、人が気付いていない領域を見出して新たな視点からそれに挑むことも、難しいでしょう。

たとえば、誰もが相当の勉強をし、教授も熱心に教える法科大学院では、多くの学生が、ある程度の力はもっています。司法試験に早く合格するためには、そうした学生たちの間で「頭一つでよいから人より上に出る」、そうした知識、発想、思考力、文章術等が必要なのです。しかし、それらを備えている学生の数は多くない。本当の意味で考える方法、思考の方法を知らない学生が多いのです。

もともとはすぐれた素質をもっているはずの多くの若者たちが、受験・教育制度の問題や情報社会のあり方の問題等によって、限られた能力しか発揮できない状態にあるとしたら、非常に不幸なことです。

もし、彼らが、獲得してきた知識や情報を断片的な形にとどめず、横断的で幅広い思考の基盤とすることができたなら、また、それらの知識をより深みと広がりのあるものにするための思考の方法や枠組み、発想の方法を知ることができたなら、①パースペクティヴ、すなわち広がりと奥行きのあるものの見方と、②ヴィジョン、すなわち洞察力と直感により本質をつかむものの見方（これらは僕自身の定義です）、その双方を獲得することができ、その結果、もっている能力を存分に生かすことが可能になるでしょう。

リベラルアーツは、右の、パースペクティヴ、ヴィジョン、それら双方の基盤になるものです。したがって、これらを身につけるためには、主体的に、また、系統的に、リベラルアーツを学び直すことが必要なのです。

冒頭に掲げたイギリスの哲学者フランシス・ベーコンの言葉「知は力である」は、正しくは、「知識は力である（ノリッジ・イズ・パワー）」です。近代の始まりにあって、ベーコンは、物事を観察して得られる知識こそ、それから何かを生み出す「精神の道具」であることを鋭く見抜きました。そして、ヨーロッパ大陸における哲学の主流である演繹《えんえき》法、つまり、まず一般的、普遍《ふへん》的な原理、法則を立ててそこから理論を導き出してゆく考え方に対し、帰納法、つまり、物事を観察して得られる個々の具体的な事実を総合して一般的、普遍的な原理、法則を導き出す考え方を提言したのです。

この経験主義的な考え方は、第3部の哲学の部分等でもふれるとおり、本書を書くに当たって僕がとっている考え方の基本でもあります。個々の書物や作品から得られる多様なリベラルアーツの知恵の集積、それこそ、自分の頭で考えるための最強の武器になるということです。

リベラルアーツを学ぶことの意味については、第1部でさまざまな観点から説き明かしていますが、若い読者の中には、その部分を読んでもなお十分にはその必要性が納得できない、腑《ふ》に落ちないという人もいるかもしれません。

しかしそうした読者も、もう少し年齢が上がって、たとえば、部下をもったとき、新たな仕事を任せられたとき、新たな発想をもって事業のスキームを組み立てることを求められたとき、あるいは、海外の人々とのビジネスに携《たずさ》わり、プライヴェートな局面でも彼らと付き合ってゆくことが必要になったときなどに、きっと、その必要性をひしひしと実感することになるはずです。

本書の構成

では、リベラルアーツとは具体的には何を指すのでしょうか？

この本では、リベラルアーツとして、自然科学、社会・人文科学、思想、批評、ノンフィクション、文学、映画、音楽、漫画、広い意味での美術というワイドレンジな対象をボーダーレスに取り上げ、それらのリベラルアーツとしての共通性を軸に、個々の分野の発想や方法、その焦点を、実例を挙げながら語ってゆきます。

具体的には、以下のとおりです。

「第1部 なぜ、リベラルアーツを学ぶ必要があるのか？」では、教養を、普通にいわれているような狭い意味ではなく、リベラルアーツという観点から広く深くとらえ直し、それらを学ぶことのさまざまな意味、効用を説き明かします。

「第2部 リベラルアーツを身につけるための基本的な方法と戦略」では、リベラルアーツを身につけるために効果的な各種の方法やスキルを、僕なりの視点から整理、解説します。

「第3部 実践リベラルアーツ——何からどのように学ぶのか？」では、リベラルアーツを学ぶという観点から書物の読み方、芸術への接し方について語った後、さまざまな書物をリストアップしていきます。

なお、書かれている事柄の性質上、第1部はやや抽象度が高く、第2部、第3部と進むにしたがって記述が具体性をもち、その意味ではわかりやすくなっているかと思います。第1部から読んでゆくのが最も理解しやすいとは思いますが、理屈については後からでよいと思う人は、目次や本文にざっと目を通した上で、第2部、あるいは第3部から先に読み始めていただいてもかまいません。

最後に、簡単な自己紹介をしておきたいと思います。

僕は、東京大学法学部卒業後裁判官となりましたが、その仕事には飽き足らず、判事補から判事になった前後から、民事訴訟法諸分野の研究や日本の法制度の法社会学的研究に打ち込み、また、実名や筆名での執筆を行ってきました。二〇一二年に明治大学法科大学院専任教授に転身し、そこで民事訴訟法を教えています。また、学者転身後に、『絶望の裁判所』、『ニッポンの裁判』〔ともに講談社現代新書〕で、自由主義者の視点から、日本の裁判所・裁判官制度、裁判全般の批判的、構造的分析を行い、さまざまな分野の知識人やジャーナリストから広く反響を得ました。ほかに、小説『黒い巨塔 最高裁判所』〔講談社〕、ジャーナリスト清水潔氏との対談『裁判所の正体――法服を着た役人たち』〔新潮社〕等の一般書、専門書を含め、一四冊の主要著書がありま す。また、『ニッポンの裁判』によって第二回城山三郎賞を受賞しています。

以上の過程で、哲学者、思想家、芸術家、ジャーナリスト、編集者等いろいろな分野の人々と交流し、専門外の事柄についても多くを学ぶことができました。

とりわけ、実務と研究を並行して行い、裁判官、学者、ライターという、「生きた人間の営みを対象とする三つの仕事」に関わってきた点は、かなり珍しい経歴ではないかと思います。そして、それらの仕事を並行して行ってゆくための基盤としては、リベラルアーツが何よりも重要でした。

この本では、そのような僕のキャリア、経験から獲得した、生きた知識としてのリベラルアーツ、また、その学び方について語りたいと思います。リベラルアーツに関心をもち、それを主体的に学びたいと考えている読者の方々にとって一つの参考になれば幸いです。

引用した書物については原則として出版社名を記しています（訳者の違いもあるので、そのことも考慮した上、代表的なものやなるべく入手しやすいものを選んでいます）。絶版ないしは品切れの点については記していません。今日では、インターネットの利用によって、古書でも容易に探索、入手が可能になっているからです。書物の年代については、文脈との関係上必要な場合にのみ特定しています。生物学と脳神経科学についてだけ、原著の年代を参考として記しました。海外の人名の表記は、慣例により、また、姓のみによっている場合もあります。なお、第3部で紹介した書物のリストのうち、ことにお薦めできるものについては、前記のとおり、その下の罫線を二重（═）にしておきました。

目次

第2部
リベラルアーツを身につけるための基本的な方法と戦略

1

Part

第1部

なぜ、リベラルアーツを学ぶ必要があるのか？

第1部では、人々が、ことにその中でも若手・中堅世代が、リベラルアーツを学ぶ、学び直すことの意味、なぜそうする必要があるのかについて、八つの視点から語るとともに、その過程で、僕の考えるリベラルアーツの内容についても明らかにしてゆきます。

「リベラルアーツ」は知識、とりわけ権威付けのために用いられる知識ではなく、生きた、実践的な教養です。横断性、普遍性、広い世界とのコミュニケーションの基盤、飾りやファッションではなく身につき使いこなせる教養、その人固有の「生」の形と結び付いた教養、理論と実践の両輪をつなぐシャフト、といった観点が重要になります。

独自のパースペクティヴ、ヴィジョン、価値観、人生観、世界観、人間知の基盤となるような教養ということです。

人のいうことを正確に理解する力、さらには、自分で考える力、また、新たな重要課題、すなわちアジェンダを設定する力は、リベラルアーツの蓄積がなければ育ちません。

また、リベラルアーツを学び続けることは、人生に新たな局面を切り開くための最も有効な投資ともなりえます。そして、何よりも重要なのは、リベラルアーツを学ぶことで、僕たちが僕たち自身の人生をより充実した意味深いものにしてゆくのが可能になることでしょう。

1

リベラルアーツは、単なる知識の蓄積、教養のための教養ではない

「教養」なんて、ただの自己満足かカッコつけ？

法科大学院で未来の法律家をめざす学生たちにリベラルアーツとしての教養の重要性を説こうとすると、次のような意見に出会うことがあります。

「私は、自分に興味のないことはできないし、小難しい話もできれば聞きたくない人間です。暇な時間があれば、一般的に教養とされているような面倒くさい知識を習得するよりも、漫画やアニメでも見ていたいです。

豊かな精神を身につけるには、必ずしも教養など必要ではなく、かえって、人のもっていない知識を得ることで、自己満足や慢心におちいる危険もあるのではないでしょうか？

また、難しい本を読むよりも、漫画のセリフ一つから、より深い印象をもって同じことが学べる場合だってあると思います」

僕は、この学生のいうことはよくわかりますし、基本的に同意できます。彼、彼女に間違いがあるとすれば、教養というものを、「人より自分がまさっていることをひけらかすための小難しい知識の蓄積、生き生きした実感からほど遠いもの、したがって何の役にも立たないもの」と決め付けてしまっていることです。

こうした教養のとらえ方はことに現代の若者に特徴的だと思いますが、このような認識が広まってしまったことについては、学者やメディアの型にはまった教養のとらえ方、教え方、紹介の仕方にも一つの原因があると思います。

しかし、このような認識は誤っています。

本来的な意味における教養、リベラルアーツとは、そうした古くさくて型にはまった、他人にひけらかすための「飾り」ではありません。学生のいう「漫画」も立派な教養の一分野でありうると思います。また、いわゆる古典的な教養書よりも同時代の芸術、たとえば漫画のセリフ一つのほうがその人にとっての「真理」をよりダイレクトに伝えるといったことも、十分にありうると思います。

「小難しくて面白くもないカビの生えたような権威主義的知識の蓄積＝教養」、「楽しめる漫画やアニメ＝教養とは関係のない息抜き」という二分法的認識は、多数の日本人、ことに若者の素直な本音だと思います。

しかし、このような認識は、古典のもっている時代を超えても失われない強靱《きょうじん》な思考やメッセージの力と、同時代の大衆芸術のもっている生き生きとしたポップ感覚に裏付けられたメッセージの力を、双方とも見逃してしまう結果を招きます。

このような二分法に立ってみる限り、古典は難しくてカビくさいだけで面白くも何ともない書物であり、一方、漫画は、たとえある瞬間そこから強烈な印象を受けることがあったとしても、基本的には、一時的なものとして消費されてゆく楽しみ、娯楽でしかありえず、したがって、先の貴重な印象も、読み手の心の中で意味付けられ定着することのないまま一つの孤立した印象として漂っているだけ、ということになってしまうからです。

単なる知識ではなく、柔軟な思考力、想像力、感性を身につけるためのもの

僕のいう教養に、ジャンルの絶対的な区分やそれら相互の上下の区別はありません。ただ、どのジャンルの作品にも、すぐれたものとそうでないものがあるというだけです。また、すぐれているか否かの基準も、絶対的なものではないでしょう。

僕自身は、この本で、書物であればその質を中心に、作品であれば審美的にかなり高い基準をとりながら、対象を選択していますが、それは、あくまで僕の視点からの選別であって、ほかの視点を排除するものではありません。ただ、僕は、自分の基準について、十分な根拠のある一つの見方としてそれを説明できるとは思っています。

僕の考える教養、リベラルアーツの最も重要な性格は、ボーダーレス、ジャンルレスの横断的共通性です。つまり、ジャンルによる上下の区別も付けないし、ジャンルの区別も絶対的なものとはみません。そして、それらの中から特定のものを選択する基準は、個々の書物や作品の質だけです。

このようにボーダーレス、ジャンルレスの横断的共通性を軸にしてリベラルアーツをとらえると、それらの共通の基盤になっているものがよくみえるとともに、ほかのジャンル、ことに隣接したジャンルとの対比によって、それぞれのジャンルの本質や特徴、また、個々の書物や作品の本質や特徴も、よりよくみえてきます。

こうした、リベラルアーツ全体を貫く基盤と個々のジャンルや作品の本質、その双方を見極める作業は、知的であると同時に、感覚的な、つまり感性に訴えるものでもあります。知性と感性を駆使しなければ、異なるジャンルから共通するものを抽出することはできないし、リベラルアーツ全体の中に個々の作品を位置付けながらその本質を掘り下げることもできないからです。

僕たちは、自然科学、社会・人文科学、思想、批評、ノンフィクション、そして、芸術諸分野の提供する人間と世界についての知識、情報、感覚を総合することによって、さらに、それらが提供するさまざまな視点をとり、またそれらの間を移動することによって、柔軟で強靱な思考力、想像力、感性を身につけることができます。また、パースペクティヴすなわち広がりと奥行きのあるものの見方と、ヴィジョンすなわち洞察力と直感により本質をつかむものの見方の、双方を身につけることもできるはずです。

以上のような知的・感覚的作業を繰り返すことによって、横断的でありかつ深い教養が身につけば、自然に、物事や世界をみる眼は深くなり、新たな発想や独自の発想も浮かんでくることでしょう。

いいかえれば、リベラルアーツを学ぶことによって、僕たちは、考える力と感じる力の双方を、ともに伸ばすことができるのです。

こうした意味での教養が、単なる知識の蓄積、教養のための教養ではないことは、もうおわかりではないかと思います。

2

タコツボ型の「知識」から横断的な「教養」へ

日本社会はタコツボ型社会

丸山真男という政治学者、思想家が、『日本の思想』〔岩波新書〕の中（129頁以下）で、ササラ型とタコツボ型という言葉を用いて、文化の型の分類を行っています。

ササラ型というのは、今となってはいささか古いたとえですが、竹や木の先のほうを細かく割って作った洗浄器具や楽器のことです。つまり、「根元がつながっている」ということですね。タコツボ型というのは、孤立したタコツボが相互に無関係に並立している、ごろごろころがっているということで、こちらはイメージしやすいでしょう。

丸山は、ヨーロッパの近代科学は本来ササラ型で下のほうではつながっているのに、日本では、ササラの上のほうの個別化された部分だけが移植され、それが大学の学部や学科の分類となったために、その横断的な共通性が忘れられてタコツボ化し、それらをつなぐ共通の言葉にも乏しくなっていると分析します。同様に、民間でも、異種の構成員を結び付ける教会、クラブ、サロンなどの横断的なコミュニティーが発達していないと指摘します。

丸山のいう「ササラの下のほうのつながっている部分」こそ、まさに、本書でいう「リベラルアーツ」だといえるでしょう。

この丸山の分析は、現代の日本にもそのまま当てはまります。「タコツボ社会」は、言葉を換えれば「ムラ社会」ということであり、相対的に知的レヴェルの高いはずの専門家集団も、たとえば、学界ムラ、医師ムラ、法律家ムラ、あるいは、官僚ムラ、原子力ムラ、農水ムラなどといったムラ、タコツボの集合にすぎず、そのために、閉鎖社会の中でしか通用しない縄張り意識や社会の一般水準を外れた倫理観がはびこることになりやすいのです。これは、企業や業界についても同様にいえることでしょう。

あえていえば、インターネットによる言論に新たなコミュニケーションの一つの可能性がみえるとはいえるかもしれません。ただ、日本では、インターネット言論についても、共通の基盤となる言葉や倫理観が欠けているために、偏狭なものになったり口汚いものになったりしがちだという欠点は、やや目立ちます。市民団体やNPO（非営利組織）、NGO（非政府組織）についても、残念ながら、割合閉鎖性が高く、外部に対して閉じている、外部に語りかける共通の言葉をもっていない、という傾向はみられるように思います。

リベラルアーツによってタコツボ型社会から脱出する

しかし、このようなことでは、これからの社会にとって重要なものである草の根民主主義的なネットワークは育ちませんし、グローバル化してゆく世界において、個人や企業が、海外の人々と実りのあるコミュニケーションを結び、経済活動や国際交流をスムーズに行ってゆくことも、難しいでしょう。

タコツボ型社会からの脱出のためには、丸山のいうササラ型の教養、すなわち横断的なリベラルアーツを人々が身につけることが、どうしても必要です。人々は、それらを共有することによって、他分野、他集団の人々や海外の人々と生き生きとしたコミュニケーションを行い、交流を深めることができるようになるはずです。そうなれば、海外の人々からよく聞かれる「日本人とは、仕事以外の部分で会話や付き合いを楽しむことが難しい」という感想も、やがては消えてゆくことでしょう。

また、日本社会の特徴の一つとしていわれる「世代ごとの断層、断絶」という問題も、そのタコツボ的な性格と関係があります。「世代ごとのタコツボ」の結果として、ある世代の体験はその中でだけ共有されていて、後続の世代には受け継がれず、したがって、世代が変わるごとに同じ問題や論点が形を変えて何度でも蒸し返される、そうしたことが起こります。僕も、自分より一回り若い世代のライターが、僕の世代より上の世代であれば当然の前提としてもっているような認識を、あたかも自分が発見したかのように得々と書き記しているのをみて驚かされたことが、何度かあります。ことに、海外生活が長かった人には、こうしたことがありがちです。

このような「世代ごとのタコツボ」も、元をたどれば、世代を超えて受け継がれる共通のリベラルアーツ、およびそれに基礎を置く共通の知識や言葉の不足という問題に帰着します。

さらに、近年の日本では、「制度のガラパゴス化」という新たな問題も発生しています。新興国では世界水準で最新の考え方に基づく法律や制度がどんどん取り入れられているのに、日本では、なまじ明治時代以来の一定の歴史と蓄積があるために、古い制度に問題があることがわかっていてもその効率的な改革ができない、そういう事態です。行政、司法等の国家制度のみならず、企業や組織のあり方一般についても、そのような傾向はあるでしょう。

一方、こうした古くて固い枠組みが厳然と存在するために、新しい制度が海外から取り入れられる場合にも、その本来の意味が忘れられ、官僚主導のゆがんだ形、つまり官僚や政治家の利益をまず第一に考えた形で導入される結果、制度のメリットが生かされずにかえって弊害ばかりが目立つという事態も、起こりやすいのです。

以上のような問題についても、リベラルアーツ的な教養、知識が不足した結果、制度の基盤にある本来の意味が十分に突き詰められ、消化されることのないままに、その形だけが移入された、そして今でも移入されていることに、その根本原因があると思います。

日本社会のこうした根本的問題を改善するためにも、リベラルアーツの普及、その標準化が必要であることは、間違いありません。

3
ファッションではなく身につき使いこなせる教養

外来の目新しい思想を知っているのが教養？

本当の意味における教養、リベラルアーツとしての教養は、飾りやファッションではありません。ところが、日本では、大昔から、教養といえば、まず、「外来の目新しい学問、思想」であり、「権威付けとしての飾り物」でした。この傾向は、明治時代以降、日本が、欧米諸国に追い付くために、ことに富国強兵、中央集権、官僚的ヒエラルキー（位階）の確立といった観点に重きを置いて欧米の学問や思想を輸入したことにより、加速されました。

僕は、一〇歳前後から大人向けの本を持ち出しては人の見ていないところで盗み読みするませた子どもの一人でしたが、そんな子ども時代以来の長い読書経験からみても、日本でベストセラーになる思想書の多くは、海外の思想をわかりやすくパラフレーズした「舶来もの」、横文字をタテにするという意味では「横タテもの」だったといってよいと思います。

こうした書物はえてしてオリジナリティーに乏しく中身も薄いのですが、目新しいことと日本人の欧米コンプレックスとが相まって、よく売れるし、著者に箔《はく》が付くという効果も大きいのです。よくいわれる「日本人の権威主義的傾向、横文字コンプレックス」ということですね。

しかし、こうした思想書の大半は、飾り、ファッションとして受容され、消費されるだけで、それらが人々の生き方や考え方を深い次元で変えるなどといったことは、ほとんどなかったように思います。

教養は、飾り、ファッション、権威付け？

また、日本の学問の世界、とりわけ社会・人文科学系のそれが全体として地盤沈下傾向にあることの原因も、日本における学問・思想のファッション的性格、各専門領域のタコツボ化とガラパゴス化、専門化・細分化された特殊用語（ターム、ターミノロジー）の閉じられた性格、学問の権威主義的性格と専門家志向といった事柄にその根があると思います。

僕が大学に移ってから痛切に感じたのは、ジャーナリストも、編集者も、一般の人々も、もはや学者に対する幻想などほとんど抱いておらず、僕の場合にも、長く実務にたずさわりつつ並行して研究も行ってきたという点、あるいは書いてきた書物の質や文章が評価されているのであって、肩書や大学の名前などほとんど問題ではないということでした。まさに実力が測られる時代となってきており、肩書やブランドの威光は、今後、薄れてゆく一方でしょう。それは、ビジネスの世界等ほかの世界でも同じことだと思います。

そのように人々の考え方が権威主義、事大主義から中身・実力中心志向に移ってきたこと自体は結構だと思うのですが、それでは、前記の、教養についての「飾り、ファッション、権威付け」というとらえ方については、どうなのでしょうか？

この点に関する僕の考えは、次のようなものです。

「確かに、敗戦後、掘り下げた反省や内省が行われて一定程度そのような傾向が改善され、思索が深められた面はある。しかし、左翼思想退潮、大衆社会化の進展に伴い、また、日本が長い停滞の時代に入り、社会に閉塞《へいそく》感が強まるに従い、そのような思索の成果は、再び忘れられ、失われつつあるのではないか？」

その結果として、教養＝小難しい＝面倒くさい＝いらない、というある意味開き直った発想が広がりつつあるように思います。「1 リベラルアーツは、単なる知識の蓄積、教養のための教養ではない」の最初に引用した学生の「教養観」は、まさに、「飾り、ファッション、権威付け」として教養をとらえるものでした。しかし、このような「教養観」については、転換が必要だと思います。

「思想的道具」としての教養

それでは、「飾りやファッションではない教養」とはどのようなものなのでしょうか？

僕の考えるところのリベラルアーツが、まさにそれだと思います。みせびらかして優越感にひたるため、他人と自分を差別化して満足するための教養ではなく、身につき、使いこなせる教養、そのような意味での「思想的道具」ということです。

たとえば、社会に起こっているさまざまな問題について、世界で交わされているさまざまな論争について、どのような世界観や人生観を選ぶべきかについて、あるいはビジネス上の課題にいかに取り組むかについて、考えてゆくときの基盤となるパースペクティヴやヴィジョン、すなわち、各自の「思想」を築くための「思想的道具」が、リベラルアーツなのです。

飾り、ファッション、権威付けとしての教養は、簡単にはがれ落ちてしまって後には何も残りません。シーズンが過ぎれば脱ぎ捨てておしまいの流行のTシャツみたいなものです。せっかく時間と費用をかけて獲得するものがそれでは、空しいとは思いませんせんか？

ある人間の中に本当に残ってゆく思想は、その人の思考と人間性からにじみ出たものだと思います。同様に、ある人間の中に本当に残ってゆく教養、その人の存在の一部となって残る教養は、その人が対象に正面から向き合い、それと対話しながら獲得し、自分のものにした教養に限られるでしょう。そのような思想や教養には、人を動かす強い説得力があるはずです。

「4 固有の『生』の形と結び付いた教養」、「5 自分で課題《アジェンダ》を設定する能力」では、この点について、さらに具体的に述べてゆきます。

4

固有の「生」の形と結び付いた教養

新しい価値を示し、思想を提示するのは、書物とは限らない

「3　ファッションではなく身につき使いこなせる教養」の最後でふれた点について、さらに考えてみましょう。

「その人の存在の一部となって残る教養」とは、どのようなものなのでしょうか？

僕の考えるところでは、そのような教養は、書物から得られるものとは限りません。

たった一つのポピュラー音楽曲が、そのような「教養」を提示することだってありえ

ます。たとえば、ロックンロールの超古典「ブルー・スエード・シューズ」がそれです。オリジナルは、カール・パーキンスという、カントリー色の濃い、比較的穏やかなスタイルのロックンローラーの曲なのですが、その真価をただちに見出して最大限に引き出したのは、エルヴィス・プレスリーであり、その燃えさかるようなヴァージョンでした。

俺を殴り倒したってかまわない
顔を踏ん付けたってかまわない
あっちこっちで、中傷して回ったってかまわない
でも、ハニー、
俺のブルー・スエード・シューズだけは踏み付けるな
何をしたっていいけれど、俺のブルー・スエード・シューズにだけは近寄るな

この曲が、そしてプレスリーの圧倒的な解釈がすばらしいのは、それが、かつてなかった全く新しい一つの価値観を提示し、それを掲げて、聴き手に挑戦しているからです。

プレスリーが歌っているのは、ただの「青いスエード靴」のことのように聞こえますが、しかし、実はそれだけではない。

つまり、この曲、ことにプレスリーのヴァージョンは、名誉、地位、金銭等の既成の価値の物差しとは全く異なった一つの価値の物差し、価値観をも提示しているのです。「自分にとって重要なのは、名誉、地位、金銭等ではなく、今ここにある音楽、ファッションとそれに対する熱狂、そしてそれらに自分のすべてを賭けることだ」という、そんな、全く新しい、そして、既成の世界を支配する人々にとっては脅威となりうる価値観を提示しているのです。その二重の含意《がんい》が、実にすばらしい。

これこそまさにロックの精神であり、思想であり、聴き手がロックから汲み取ることのできる「教養」なのです。

プレスリーが古すぎるというなら、現代のポップパンクグループであるジ・オーフスプリングのめいっぱいわいせつで威勢のいい一曲「プリティ・フライ（フォー・ア・ホワイト・ガイ）」には、こんな歌詞があります。

世界はウォナビーを愛してる

だから、全く新しいことをやろうぜ！

ウォナビーというのは、「なりたがりや」だが実際に「なる」のは難しい人々を指す英語であり、本来否定的な意味の言葉です。しかし、ジ・オーフスプリングは、ここで、皮肉や反語的なニュアンスを交えつつも、「ウォナビーが『なりたがる』ことによってこそ、新しい世界が開けるんだ」と、その言葉の意味を強烈に反転させながら用いています。これもまた、鮮烈なロック的メッセージだといえるでしょう。

僕自身は、思想的には自由主義者であり、権威や因習に束縛されない自由な人々がつくる自由な世界を理想としています。そうした僕の価値観を形作った教養としては、もちろん、第3部でふれるプラグマティズム哲学等の思想、各種の書物、アメリカ留学体験等もありますが、それと同じくらいに根源的なものとして、僕が、ロック等の同時代の音楽、映画等の感覚的な芸術から得てきたものも大きいと思います。

僕は、子ども時代から、各種の書物のほか、音楽や映画を含むあらゆる芸術に兄弟か幼なじみのように親しんで育ちました。それらから得たものはまさに僕の「血」の中に流れ込んでいますし、持っている本やCD、DVD等の数も、第2部の終わりのほうでふれるとおり、膨大なものとなっています。

結局のところ、最後に人を動かすのは、たとえばそのような、その人に染み付き、その血の中にまで流れ込んだ思想、価値観、そうした意味での教養ではないでしょうか？少なくとも、僕がこれまでに共感してきた思想や芸術は、すべてそのようなものでしたし、僕がこれまでに共感を感じた人々も、そのような意味での教養の持ち主でした。

固有の人間性、根源的な生の形に根を下ろしている教養

つまり、その人の人間性、根源的な「生」の形、子どものころから変わらないその人の本質、善と悪の両方の側面を含んだそれ、そのような意味での「無垢《イノセンス》」（これは、裁判官時代に僕が筆名で書いた四冊の書物の共通テーマとした観念です）に結び付いている教養、思想、倫理は強いということです。それはまた、ただの知識や観念ではありませんから、人を引き付け、共感させる力をももっています。

プレスリーの「ブルー・スエード・シューズ」は、無意識のうちに若者を駆り立て、

熱狂させる一方、社会の権威や因習、古い価値観を代表する人々を、なぜかはわからないままに激怒させました。本当の教養になりうる文化的現象には、必ず、そのような一面があると思います。

まとめれば、「その人固有のパースペクティヴやヴィジョン、価値観、人生観、世界観、そして、人間知すなわち人間性に対する洞察力、そうしたものの基盤となるような教養を身につける」ことが大切であり、また、「そうした教養は書物から得られるものには限られない」ということです。

そして、そうした教養には、「考え方、考える力」だけではなく「感じ方、感じる力」も同様に含まれるということです。

5

自分で課題《アジェンダ》を設定する能力

マキャヴェリによる人間の三分類

イタリアルネサンス期の外交官、思想家で、「マキャヴェリズム」という言葉とともに、というよりもむしろその言葉によって有名となったニッコロ・マキャヴェリは、代表作『君主論』の中で、古典を援用しつつ、人間を三種類に分けています。

すなわち、①自分で考えることのできる人間、②人のいうことは理解できる人間、③どちらもできない人間、です。マキャヴェリは、この書物で、君主に対して全般的にそれほど飛び抜けた資質を要求してはおらず、右の三分類でいえば、よき君主としては第二のカテゴリーに入る必要はあるがまあそれで十分だ、としています。透徹《とうてつ》したリアリスト、形而下《けいじか》的な知恵の人であった彼らしい分析です。

確かに、たとえば政治家などという職業には、特別に並外れた知性や洞察力は必要ではなく、むしろそれに足を取られることもありうるのであって、それよりは、さまざまな人々のさまざまな言葉を適切に理解し評価する能力のほうが重要なのかもしれません。ことに、大国においてはその傾向が強いかと思います。

リベラルアーツを学ぶことは「自分で考えられる人間」になるための条件

さて、これまでの僕の人間に関する経験をこの分類に当てはめてみると、第一カテゴリーに入るような人物は、学者・科学者、医師、法律家、エンジニア、ジャーナリストなどのいわゆる知的職業に就いている人々でも、あまり多くはないという気がします。そうした能力に比較的すぐれているはずの学者という種族でも、その相対的な上層部の中でせいぜい何割かといったところではないでしょうか。多くの人々は、他人の考えたことを整理、再利用し、それらにいくぶんのことを付け加えている程度だと思います。

しかし、これからの世界で生き抜いてゆくためには、あらゆる分野で、つまり右のような専門職に限らず、経営者やビジネスパーソンについても、最低限第二カテゴリーの能力は十分に備え、さらにある部分では第一カテゴリーに食い入ることのできるような人間となることが、必要ではないかと思います。

現在の日本におけるエリートたちの限界

僕が実際にその内情までよく知っている外国といえばアメリカだけであり、ほかの国々は、主として書物や芸術、あるいは海外旅行等を通じて間接的に知っているにすぎませんが、優秀な人材が集まり競争の激しいアメリカにしても、本当の意味で知的にすぐれた人間の数がすごく多いのかについては、疑問を感じます。ただ、少なくとも、大学等の高等教育機関、そのメソッドが、学生の知的な部分を伸ばし、ことに「自分で考える力」を伸ばす方向において相対的にすぐれているとはいえるでしょう。僕が留学中に見聞した範囲でも、学生本位の、かつ、学生に主体的に学ばせることを意図したカリキュラムが組まれ、学生とのコミュニケーションを重視した教育が行われていたと思います。いわゆるリベラルアーツ的な学問・教養の教え方についても、同様のことがいえます。

日本の場合には、かつては、真ん中の層、前記の分類でいえば第二カテゴリーに属する人々が厚いことが、大きな特色であり強みでもありました。しかし、バブル経済崩壊後、徐々に、その強みが生きにくくなってきているように思われます。もはや、人が計画してくれたこと、官僚がお膳立てしてくれたことの枠組みの中でだけ能力を発揮できても、大きな成果を期待できない時代になったことが明らかだからです。

また、官僚自体についても、これは行政官僚でも司法官僚でも官学的傾向の強い大学の学者でも同じことなのですが、その能力の低下と創造性の乏しさが問題にされるようになってきています。政治家の質、端的にその知力や教養の低下傾向については、残念ながら、いうまでもない状況です。

ことに、官学的な傾向の強い大学におけるドイツ系、ヨーロッパ大陸系の演繹《えんえき》法的な思考方法や教育方法、まず原則を立ててそこから結果を導き出してゆく、そのような形で人間や組織を制御する、そして、個々の人間や事柄には必ず存在する「ずれ」や「はみ出し」がもっている創造的な力を認めず、むしろこれを切り捨ててしまうといったやり方は、そのよくない面ばかりが目立つ状況になってきていると思います。

これからの世界を生き抜き、より豊かな人生を送るためには、世界レヴェルでみてもかなり先の見え始めている経済的繁栄の追求だけではなく、社会や企業のあり方を考え、設計し直し、個人の自由と権利の確保された、住みよい、生きがいのもちやすいものにしてゆく努力も必要なのであり、それは、人間のあり方についても同様にいえることだと思います。どの分野でも、第一カテゴリーの人間が増え、適切なパースペクティヴとヴィジョンの下に改善、改革が行われてゆくことが求められています。

とりわけ、流動化が激しい現代社会では、問題、課題を解く以前に、それを探し出し、正しく設定する能力、すなわちアジェンダ（重要課題）の発見、設定能力が非常に重要になってきています。しかし、そのアジェンダは、第一カテゴリーの人間でなければ決して見付け出せません。

そして、「まさにこれだよ」というアジェンダを見付け出すためには、横断的で幅広いリベラルアーツのバックグラウンドが必要です。学校のテストであればともかく、現実の社会においては、与えられた課題を解く以前に自分で課題を設定する能力のほうが、はるかに重要なのです。

リベラルアーツを学ぶことは、この第一カテゴリーに食い入ることのできる人間になるための、つまり、あらかじめ与えられずともみずから課題を見付け出し、適切にそれを設定する能力のある人間になるための、必要条件なのです。

6

理論の裏付けのある実践

理論家と実践家の乖離

理論と実践の連繋《れんけい》、両立が十分でないという日本社会の特徴も、両者を結び付ける基盤となるリベラルアーツの不足と関係があると思います。なぜなら、リベラルアーツは、理論家と実践家双方の共通基盤だからです。

たとえば、僕の属している法律家の世界がその典型です。一般の人々は、法律実務家である裁判官、検察官、弁護士と法律研究者、法学者とは大体似たようなものであって相互の交流も密に行われていると考えるのではないかと思いますが、実際には、そうではありません。

丸山のいうタコツボ型社会の弊害で、学者は形式論理を重視した概念的な法解釈学を細密化することに腐心している一方、弁護士は弁護士で、学者の小理屈など実務には何の役にも立たないと広言して、あらっぽい法律論を繰り広げています。裁判官、検察官は、同じ実務家ではあっても全く別のセクトを作って、やはり、それぞれのやり方を押し通しています。おおまかにいえばこれが現状であり、僕のように実務家と学者の双方にまたがる形で活動してきた者は、数少ない例外に属します。

法律家という相対的に小さな専門家集団の中にまでこうした対立があり、相互に優越感とコンプレックスの混じり合った複雑な感情を抱いているわけです。これは全く生産的なことではなく、全体としての法律家の力や発言権をも弱めているのですが、そのことに自覚的な人々はごくわずかであるのが現状です。

こうしたことの結果、実務は型にはまった「職人芸」となり、現代の社会に即した改善や利用者、市民のために使いやすいものとするための改善がなかなか行われません。

一方、学者は学者で、かえって長老世代のほうがまだ視野が広く、世代が下るにつれてスケールが小さくなり、また、全体として進歩があまりみられない、精緻《せいち》化しているかもしれないがそれには国際標準を外れた日本独自のガラパゴス的進化という負の側面もありそうだ、そんな状況になってきています。つまり、学者集団もまた、閉じられた「職人的ギルド」を形成しているのです。

理論家と実践家の共通言語としてのリベラルアーツ

いかがでしょうか？　おそらく、皆さんが専攻している分野、ビジネスの世界や業界においても、形や程度こそ違え、同様の傾向はあるのではないでしょうか？

こうした日本社会特有の問題も、たとえば、法律家なら法律家の間における共通の教養、基盤、言語が欠けているところから生じている側面が大きいのです。

理論と実践は常に相携《あいたずさ》えて進むべきものであり、いわば車の両輪のようなものです。そうでなければ、理論はただの形式的な飾りとしての理屈になってしまいますし、実務は理論的バックグラウンドを欠いた偏狭《へんきょう》な職人仕事になってしまいます。

日本人は、昔から求道が大好きで、青少年向けの漫画にも、ゴルフ、料理、美食、麻雀等々何でもかんでも職人芸の求道ドラマに仕立て上げた数々の作品があり、また、それらは概して人気も高いのです。確かに、職人芸には日本文化の粋という部分がありま す。ことに、伝統工芸や手工業的な技術はすぐれています。しかし、一方、個人の経験と勘だけに頼る職人芸には、一般的にいえば限界もありますし、独善や自己満足におちいりやすいという問題もあります。ことに、チームワークが必要とされる規模の大きなプロジェクトについては、そのようにいえるでしょう。

先に述べた法律家の世界でも、実務家と学者の双方が狭い「芸」の世界に凝り固まっていることによって、クライアント、ユーザーである人々や企業の意識との間に大きな溝が生じ、その結果、市民や経済界の司法に対する不信、不満が高まってきており、弁護士数が激増しているにもかかわらず、民事新受事件数はどの分野でも減少、停滞しているといった状況にあります。

これからの日本の発展のためには、また、個々の日本人の仕事が実り多いものとなるためには、どんな分野においても、理論と実践の共存、理論に裏打ちされた実践が必要であり、その相互客観化、相互の建設的な批判や助言が必要です。そうした交流のかなめになるのも、理論と実務の共通の基盤、それらを結び付けるシャフトとしてのリベラルアーツなのではないかと思います。

7 リベラルアーツは最も有効な投資

リベラルアーツに対する投資はリターンに見合うのか？

やや抽象的な話が続いたので、ここで、ちょっと観点を変えて、リベラルアーツを身につけることを、一つの投資として考えてみましょう。

僕自身が、この本で論じているような広い意味でのリベラルアーツにどれくらいのお金をかけてきたかをざっと計算してみました。その結果は、現在の物価に換算すると相当に大きな金額、中堅サラリーマンの三、四年分の年収になりました。

おそらく、この金額は高すぎると感じる人が多いのではないかと思います。

でも、本当にそうなのでしょうか？

僕は、第2部でもふれるとおり、CDだけでも九〇〇〇枚以上のコレクションを持っていますが、そのうちの相当な部分は、円高の時代に、輸入盤を安く買ったものです。せいぜいCD一枚平均七〇〇円前後ではないかと思います（ダブルアルバム等の組物は比較的安いので、CD一枚の平均価格を下げる）。クラシックだと、ボックスセットなら、有名なアーティストのものでも一枚平均数百円で買えます。これは今も同じです。インターネット時代には、「情報」は、それ自体が「力」になります。買い方を「知っている」だけで、よいものを安く手に入れることが可能になるのです。

また、先の大きな金額についても、学生時代からの年数で割ってみると、一か月では四万円余りです。かなりの回数外で飲んだり、高い洋服を買ったりするのと同程度ないしはそれ以下、少なくとも、極端に大きな金額とまではいえないでしょう。

さて、それでは、僕が書物や芸術等のリベラルアーツから得たものはといえば、まず第一に、「生きる力」だと思います。困難な状況に出会っても、へこたれず、節《せっ》を曲げず、システムに事大主義的に順応することなく、自分の生き方や考え方を貫いてゆく力というものです。リベラルアーツから学んだそのような力がなければ、とっくに、型にはまった官僚裁判官として化石化していたことでしょう。

次が、「生きる楽しみ」であり、「考え、感じる喜び」でしょうか。人生を生きることには、現実の人生を生きることと、書物や作品の受容、創造(受容には、受容する人間による創造的な働きかけの側面も含まれます)といういわば心の中の人生を生きることとがあると思いますが、リベラルアーツに接することは、後者の世界を充実させることであり、そこで、現実の人生から受け取ることのできる価値とは異なった価値を受け取ることです。僕にとっては、本を読む、音楽を聴く、映画を見るといった行為は、友人との充実した時間を過ごすのと同程度の大きな意味があります。

そして、研究と執筆があります。僕が初めて論文を書いたとき、また、私的な文章を書いたとき、それが活字になること以外には、何一つ期待していませんでした。しかし、結果的に、それらの文章は、僕に、大学教授への転身の道を開きました。執筆や転身によって得られた利益は、およそ金銭に換えられない価値ですが、あえて評価するなら、僕にとっては一財産以上の価値があります。裁判所に残っていたらつぶされてしまった可能性もあることを考えれば、なおさらです。

さらに、僕の生涯収入も、これは大学の定年が今のままならということですが、働ける期間がかなり延びることもあり、多分、減ることはないでしょう。現在の日本経済の先がみえない状況を考えるなら、定年が先延ばしされるという点だけでも大きなメリットだといえます（なお、定年後も弁護士をやることは可能ですが、これは、相当本気でやらなければ、安定した収入にはなりません）。

以上によれば、僕がリベラルアーツの蓄積から得たものがどれほど大きいかはおわかりでしょう。あえて投資にたとえるなら、その意思もないのに行われた投資が勝手にふくらんだようなものです。

もちろん、以上のような過程では苦しいことや不快なことも数多くあり、それは今後も変わらないと思いますが、それでもなお、得られたもの、得られるもののほうがずっと大きいことは、間違いないでしょう。

そして、これは、僕だけの特殊な事柄ではありません。人とは異なった蓄積をもち、それに裏付けられた発想をもっていたために、転身したり、起業したり、組織の中で特別な評価を得るなど、さまざまな形で成功を収めた人々は数多く存在します。また、そうした人々のかなりの部分が、海外にも活躍の場を広げ、あるいは海外の人々とも交流しています。

リベラルアーツは、誰にとっても成功のきっかけになりうる知的財産

さて、ここまで読み進めてきて、「でも、それは特別幸運な一部の人たちのこと。僕には、私には何の関係もない」と考えた人もいることでしょう。

しかし、本当にそうなのでしょうか？

たとえば、非常に重要な案件を抱えているクライアントがいるとして、その案件に適切な候補者たち（例として弁護士を考えてみてください）のリストを前に誰を選ぼうかと考えた結果、最終的に、法的能力がおおむね同等と思われる二人が残ったとします。

そのクライアントが、「今度の案件では、精神的なバックアップも必要だ。そうなると、たくさん本を読んでいて、何事についても自分の考えをもっているA弁護士がベター

だろう。アドヴァイザーとしても、友人としても、非常に頼りになる人物だから」と考えることは、おおいにありうるのではないかと思います。そして、その案件の報酬が、A弁護士のその後の弁護士生活を支える基礎資金になる可能性だってあるのです。

実際、多くの成功した弁護士が、若いころにこうした経験をもっています。たとえば、思想傾向や同じ方面の趣味に関する話が合うことからプライヴェートでも親しくしてもらっていたある年配の実業家の大きな事件を担当することで、それまでの二、三年分の年収に相当するまとまった報酬が得られ、その報酬により、一等地に自分の弁護士事務所を構え、後輩弁護士も雇い入れて、後に大きな弁護士事務所となる彼のオフィスの基盤を築くことができた、たとえばそんな話は、何度も聞いたことがあります。

また、これは、弁護士等の専門家に限ったことではありません。企業の幹部がプロジェクトチームを立ち上げるための人選を行うときにも、海外の企業が日本における独占的な取引先を選定するときにも、必ず、同じようなことはあるはずです。そして、結局、成功というのは、どのような規模のものであれ、こうした一つ一つの小さな事柄の積み重ねからしか生まれないものなのです。

現在、アメリカでもリベラルアーツの重要性が再認識され、また、アメリカの政財界や新規分野の起業の成功者には、少人数でリベラルアーツを深く学ばせることを目的としたリベラルアーツカレッジで学んだ人々が非常に多くなってきているといいます。僕の体験からして、アメリカ人くらい、抽象的、形式的な理屈よりも実際に役立つ事柄に重きを置く国民は少ないと思います。そのアメリカ人がリベラルアーツの重要性に関する認識を深めていることには、注目すべきではないでしょうか？

リベラルアーツを学ぶには、もちろん、それなりのコストや努力も必要です。しかし、そこから得られるものは、そのコストや努力をはるかに上回るものになりうるのです。

8

リベラルアーツによって可能になる仕事の質や生き方の深化

革新と創造の源泉、世界の人々と渡り合う風格の基盤

第1部では、さまざまな視点から、リベラルアーツを身につけることの意味について語ってきました。どんな領域の仕事をしているにしても、また、大学までの教育で何を学んできたとしても、リベラルアーツの主体的な学び直し、独学には大きな意味があることが、おわかりいただけたのではないかと思います。学生についても、リベラルアーツを系統的に学ぶことで、日々の授業からも、現在よりは多くのものが得られるように

なるでしょう。

どんな領域の仕事をしている場合であっても、リベラルアーツは、革新と創造の源泉になると思いますし、また、狭い領域を超えた成功を可能にしてくれるとも思います。リベラルアーツは、たとえば、仕事上の問題を解決しかつ新たな領域に挑む発想力、企画力、新たなビジネスモデルを構築することのできる知力、世界の人々と堂々と互角に渡り合ってゆける構想力や風格、そうしたものの基盤になります。

さらに、仕事においては、結論、結果のみならず、そこに至る過程や手続、その中で相手に与えるイメージもきわめて重要です。それらは、同じ相手とのその後の仕事、本人はもちろんその組織の評価、評判に深く影響しますし、自分自身がみずからの仕事について感じる満足にも影響することでしょう。

また、リベラルアーツは、仕事だけではなく、僕たちの生活、人生全般をも豊かにしてくれます。人生のさまざまな時点における新たな選択肢が広がりますし、物事や人間をみる眼も深まります。自分で自分の人生をコントロールしているという実感、仕事と交友を通じて広い世界に影響を及ぼし、それに貢献しているという実感も、より確実にもてるようになるでしょう。「7　リベラルアーツは最も有効な投資」にも記したとおり、リベラルアーツは、僕たちの「生きる力」、「生きる楽しみ」、「考え、感じる喜び」を高め、人生における自己実現の重要な基盤になります。

現代の若者が求めているのは、かつてにもまして、お金や世間的な成功にとどまらない多様な価値、人生の豊かさやニュアンス、微妙、精妙な味わいの追求だと思いますが、リベラルアーツは、まさにそうした人生の豊かさやニュアンスを、それを支える知性と感性をもたらすものです。

最初のわずかな違いが後に大きな違いを生む

ある地点で人がわずかにその歩む方向を変えたとき、その変化は、短いスパンでは小さなものであっても、長い時間の間には、非常に大きな違いとなって現れてきます。

僕の人生もかなり長くなりましたが、最近は、自分と同世代の人々と話をするときに、そこに存在する大きな相違について考えさせられることが多くなりました。一定の蓄積を重ね、一つ一つの事柄を深く体験してきた人には、言葉に重みがあり、人間としての存在感もあります。一方、学生時代から何の変化、進歩もない、ただ年をとっただけでありその結果魅力を失っただけなのではないかと感じられるような人も、結構多いですね。その違いは、本当に大きいという気がします。

リベラルアーツは、もちろん、ビジネスをはじめとするみずからの領域で成功を収める上で大変有用なもの、そうした意味での武器であり方法ですが、より重要なのは、それによって、僕たちが僕たち自身の人生を充実した深いものにしてゆくのが可能になることなのではないでしょうか？

精神的に充実した人生を送る上でのリベラルアーツの重要性は決定的であり、その意味で、リベラルアーツは人生の必須アイテムである、そういって間違いはないと思います。

2

Part

第2部

リベラルアーツを身につけるための基本的な方法と戦略

第2部では、リベラルアーツを身につけるための基本的な方法と戦略について語ってゆきます。
内容は二つの部分に分かれています。

まず、第1章「基本的な方法」では、リベラルアーツに接し、それからさまざまな事柄を学ぶに当たって注意しておくべきポイント、また、リベラルアーツから得られる重要な技術、方法についてまとめています。
具体的には、「1 批評的・構造的に物事をとらえる、2 作品と対話し、生きとしたコミュニケーションを図る、3 歴史的・体系的な全体像の中に位置付ける、4 視点を移動し、橋をかけ、共通の普遍的な問いかけを知る、5 ある分野の方法をほかの分野に転用する、6 自己を相対化・客観化して見詰める」といった事柄について述べます。

第2章「実践のためのスキルとヒント」では、リベラルアーツを学び、それを自分自身の創造的な活動に生かしてゆくために役立つと思われるスキルとヒントをまとめています。

具体的には、「1 情報収集と情報処理をどのように行うか?、2 情報とアイディアをどのようにストックするか?、3 収集、蓄積した情報からどのようなものを生み出したいのか?——機能性とコスト、4 書物や作品のコレクションを作ることにはどんな意味があるのか?」といった事柄について述べます。1はインプット、2はインプットとアウトプット、3はアウトプットに関わっています。4は総合的な事柄です。

第1章 基本的な方法

1 Section

1

批評的・構造的に物事をとらえる

物事や出来事の「本質」を的確に把握する

リベラルアーツを身につける、あるいは個々の書物や芸術を通して本当の教養を身につけるに当たってまず重要なのは、個々の対象に接する過程で、批評的・構造的なものの見方、物事のとらえ方を学ぶことだと思います。

社会に起こっている事柄にしても、人々の行動や志向の変化にしても、ビジネスのトレンドにしても、それらを的確に読み取り、自分の中で明確に位置付けるには、批評的・構造的なものの見方、物事のとらえ方が必要です。物事の全体を客観的に分析し、その中で重要と思われる事実を的確に選び出し、それらの相互関係をよく考えた上で、自分が見付けた課題、あるいは与えられた課題に関する的確な推論を行い、必要な解答、答えを見出すということです。

これは、いいかえれば、表面的な枝葉末節にとらわれることなく、物事や出来事の「本質」を的確に把握するということでもあります。

自分なりの批評の「定点」を保つ

批評的・構造的なものの見方、物事のとらえ方においてポイントとなるのは、自分なりの批評の「定点」、基準点を定め、それをしっかりと保つことです。定点を欠いた批評は、自己の知識と見解の主観的、趣味的な羅列になりがちです。そして、定点をしっかりと確定するためには、本書で何度もふれる二つの「ものの見方」、パースペクティヴすなわち広がりと奥行きのあるものの見方と、ヴィジョンすなわち洞察力と直感により本質をつかむものの見方、その双方が必要です。

正確な事実を確定した上で、その的確な分析に基づき推論・判断する

同様に重要なのは、対象に関する正確な情報や事実を確定し、それらを的確に位置付けた上で、自己の意見を組み立てる、そういう手続です。みずからの見解の基礎になる事実を確実に押さえなければ、正しい推論、判断はできません。

日本人は知的水準の高い民族だと思うのですが、この項目で論じてきたような批評的精神・方法については、必ずしもそうとはいいにくいところがあります。

たとえばインターネット上のブログや各種のレヴューの記述にしても、英米のそれは、先に述べたような批評としての手続をきちんと踏んでいるものがまずまず多いのですが、日本のそれは、もちろん参考になるすぐれたものも一定の割合はあるものの、全体としてみると、自分の「実感」だけに基づいた、主観的、情緒的、断片的な感想、いわゆる「印象批評」が多いようです。

こうした「自己の実感を絶対化した印象批評」の根には、おそらく、日本人特有の、「べったりリアリズム」とでも呼ぶのがふさわしいものの見方、自己と世界あるいは他者を明確に区別せず、みずからの具体的な経験や印象をそのままただちに一般化、法則化

する、それもきわめて感情的、一面的に法則化する考え方があると思います。ネット言論のよくない部分にままみられるものです。

しかし、そのような「批評」は、「批評的・構造的なものの見方、物事のとらえ方」とはほど遠く、自分と同じ感覚、趣味、志向の人間にしか受け入れられませんし、新たなものの見方や発想を生み出す力にも乏しいのです。

書物や芸術を通して、対象をじっくり見据え、体系的、構造的、客観的な分析と推論、判断を行う方法を学び、身につけることが必要なのです。

2
作品と対話し、生き生きとしたコミュニケーションを図る

同じ人間として作家、作者と対話しながら読む

リベラルアーツを構成する個々の書物や作品を深く「読み」、そこから多くのものを「得る」ために重要なのは、一つ一つの対象を、時間つぶしの楽しみとして「消費」するのではなく、また、そこに示されているものをできあがった権威として「鵜呑《うの》み」にするのでもなく、一人の人間に接する場合のように、それとの「対話」を行って、対象を、内在的に、かつ、深く、感じ、理解することです。コミュニケーションとは本来そうい

うものであり、それは、相手が人間の場合でも、書物や作品の場合でも、何ら変わりありません。

古典になっているような本は自分とはかけ離れた権威あるえらい人が書いたものなのだという思い込みをもってそうした書物に接している人は多いと思います。たとえばノーベル賞作家等の同時代の大作家といわれる人々の作品を読んでみようと考えるような場合についても、同様ではないでしょうか？

しかし、実際には、全くそうではないのです。僕自身、本を書くようになってから、かなりの数の高名な著者、芸術家、学者たちに実際に会ってみてわかったのは、彼らもまた、僕たちと何ら変わりのない普通の人間であり、ただ、ほかの人にはないすぐれたものを何かもっているというだけのことなのだ、ということでした。哲学者、思想家の鶴見俊輔さんについては、スケールの大きな、また、鋭利な刃物のような、ずば抜けた知性を感じさせる方でしたが、その鶴見さんにしても、そのほかの点では、特別に普通と異なった人間というわけではありませんでした。

歴史上の偉大な作家たちの場合にもそれは何ら変わりなかったことを示す書物があります。『まことに残念ですが…――不朽の名作への「不採用通知」160選』〔アンドレ・バーナード編著、木原武一監修、中原裕子訳、徳間書店〕という本です。作家たちが生前に受け取った出版社からの断り状を集めた本なのですが、驚くべきことに、名だたる著者たちが、木で鼻をくったような言葉、時には無理解からくる悪意ある言葉でもって、けんもほろろに出版や掲載を断られているのです。

いくつか挙げてみましょう。

まことに残念ですが、アメリカの読者は中国のことなど一切興味がありません。

（パール・バックの『大地』に対して）

ご自身のためにも、これを発表するのはおやめなさい。

（D・H・ロレンスの『チャタレイ夫人の恋人』に対して）

遺憾《いかん》ながら、イギリスの児童文学市場にまったくふさわしくないという理由で、この本の出版を見合わせることを全員一致で決定いたしました。非常に長く、いささか古くさく、なぜこれがアメリカで好評を博しているのか、まったく解《げ》せません。
（ハーマン・メルヴィルの『白鯨《はくげい》』に対して。イギリスの出版社による）

どうです？　これはへこみますよ。作家などというものはおおむねガラスのような神経の持主ですから、最低でも二日や三日は寝込んだことでしょう。

このように、「こんな人たちでもこうだったんだ……」ということがわかるという点で、ライターにとっては非常に勇気付けられる本なのですが、それだけではなく、著者たちが断り状によって感じさせられたであろう失意、落胆、憤《いきどお》りが肌で感じられるところがいいのです。彼らも、僕たちと何ら変わりのない一人の弱い人間であったことがわかり、距離感がぐっと縮まります。

『新約聖書』を対話の精神で読めるようになったきっかけ

もう一つの例を挙げましょう。

思春期に入ったころ、『新約聖書』を読んでみようとしたのですが、自分には遠い経典《きょうてん》のような（実際経典でもあるのですが）言葉の羅列に感じられて、なかなかその世界に入ってゆくことができませんでした。そんなとき、イタリア映画『奇跡の丘』〔ピエル・パオロ・パゾリーニ監督〕を見ました（第2章でふれる、見た映画について僕がつけている記録を調べてみると、一二歳の秋のことでした）。パゾリーニは、急進的な左派の芸術家でしたが、この映画では、『マタイによる福音書』をほぼ忠実に映画化しています。ほかのイエス伝映画と異なる点は、彼が、イエスを、ただの一人の青年として、少しも神格化しないで、ひたすらリアルに映像化していることでした。

パゾリーニの映画は、シーンによって出来映えにムラがあり、この映画も例外ではありません。しかし、いくつかのシーンは本当にすばらしく、ことに、イエスの布教中に母マリアが彼のもとを訪れるシーンは、鮮やかでした。雑然とした人混みの中にいるイエスに、人のよさそうな青年が近付いてきて、「あんたのお母さんが来ているよ」と、そっと耳打ちします。イエスが示された方を見ると、母マリアが、遠くから心配そうに彼を見ています。

マリアも、この映画では、よくヨーロッパ絵画に描かれているような美しく気高い若い女性ではなく、息子を思う一人の年老いた貧しい母親として描かれています。そこで、まだ表情に若干の幼さが残るくらいの青年イエスが、みずからの感情を断ち切るように、短く、鋭く、言い放ちます。

私の母、私の兄弟とは誰のことか？
ここにいる人たちこそ、私の母であり、私の兄弟だ

「あっ、そうだったのか！」と僕は思いました。イエスを、地上につかわされた神としてではなく、一人の、貧しく先鋭な、思想家、預言者、民衆扇動家としてとらえることも可能なのであり、パゾリーニの解釈は、まさにそういうものでした。

その映画を見た後でマタイによる福音書を読み返してみると、一つ一つの言葉や会話、出来事の意味が、映画のあのシーン（『マタイによる福音書』では第一二章第四六節以下）同様の切実さで身に迫ってきて、僕は、初めて、『新約聖書』、ことにその中核となる四福音書の意味を、自分なりに理解することができたのです。つまり、パゾリーニの映画で、本当にそうであったろうと思われるようなリアルな、生身のイエス、その誇りや悲しみに気

付かされたことをきっかけに、『新約聖書』という近付きにくかった書物を対話の精神で読めるようになったということです。

『新約聖書』は、知恵に満ちた深い書物であり、クリスチャンでなくとも、そこから非常に多くのものを得ることのできるすばらしい本です。ただし、そのためには、対話の精神をもって、謙虚に、かつ、フレンドリーに、それに接する必要があります。

3 歴史的・体系的な全体像の中に位置付ける

常に、作品の歴史的・体系的な位置付けを考える

リベラルアーツを構成する個々の書物や作品と接する際に重要なもう一つの事柄は、それらを歴史的・体系的な全体像の中に位置付けることです。同じジャンルの中で、同じ作者の仕事の中でどのように位置付けられるかを知り、また、同時代のほかのジャンルの作品群との関連も考えてみるとよいと思います。

特定の書物や芸術作品が好きだというときに、それに何度となく接していながら、た

とえば映画の場合などだと、どこの国の映画かも、監督の名前も知らない人がいます。もちろん趣味、娯楽というレヴェルにとどまるならそれでも問題はないのですが、リベラルアーツの一つとして接する場合には、その歴史的・体系的な位置付けを知っておくことが必要です。

イギリスの思想家的作家ジョージ・オーウェルは、第3部の文学の部分でもふれる純文学ＳＦ『一九八四年』（思索的、文明批評的ＳＦの先駆的な作品です）において、国家によって過去が次々に変造され、歴史が書き換えられてゆく恐ろしい世界を描きました。それを読むと、僕たちがあたりまえのものと考えている「歴史」が、実は、人類が血であがなってきた知恵の集積であり、文明や文化の不動の基盤でもあることがよくわかります。

ですから、文化の一部、その精髄《せいずい》であるリベラルアーツについても、それらの歴史的・体系的な位置付けを理解しておくことが大切なのです。時代の流れの中での、また、そのジャンルの体系中の位置付けを考えながら、個々の書物や作品に接することが必要です。

また、同じ作者の作品でも、作られた時期に応じ、作者の経歴と連動して必ず何らかの変化や発展があり、時には退歩もあります。それらを踏まえた上で、その厳密な文脈、コンテクストの中に個々の作品を位置付けるようにすると、個々の作品の見方、それから得られるものが、ぐっと深まるはずです。

物事を歴史的、体系的にとらえる習慣を身につける

物事を体系的に把握しあるいは設計する技術、能力は、学者等の知識人に限らず、特定の物事についての戦略を練るなどの知的な作業を行う場合には、誰にでも必要なものです。リベラルアーツを学ぶ際に、常に歴史的・体系的な枠組みの中で個々の作品やそのメッセージをとらえる習慣を身につけると、そのような能力が研ぎ澄まされてゆきます。

僕は、自分のよく知っている書物や芸術のジャンルであれば、求められればいつでもその全体像や歴史について自分なりに語ることができると思っています。前記のような習慣を身につけると、自然にそうした蓄積ができてゆきますし、そうした歴史的・体系的な視点は、広い範囲の知的作業において、いろいろな形で利用できるのです。

関連して、ことに、ていねいに読んでその方法を自分のものにしたい書物、これには、

一般書のほか、専門分野の教科書、体系書等も含まれますが、それらを読むときには、まず目次をじっくり読んで、全体の構成を頭に入れてから読み始めるようにするといいと思います。章の立て方やその相互関係をみることで、著者の思考の体系やその作り方を学ぶことができ、内容の理解も深まるからです。

4 視点を移動し、橋をかけ、共通の普遍的な問いかけを知る

さまざまな視点からものをみることの重要性

「相手の身になって考える」のは非常に難しいことですが、「相手の視点に立って考える」ことも、それに劣らず困難で、意識的な訓練を要します。

弁護士で、優秀であるにもかかわらず訴訟の結果が思わしくない人は、この、「相手の視点に立って考える」ことができていない場合が多いのです。自分の依頼者の視点を離れないままやみくもに相手と戦うだけではなく、時には視点を相手の側に移して、相手

の視点から、自分のほう、自分の主張立証を客観的にみることができれば、そのどこが弱いかが、はっきりとわかります。それを知った上で元の視点に戻って、その弱さを補う訴訟活動を行えばよいのです。

同様に、弁護士は、時には裁判官の視点に立って、裁判官からは自分と相手の主張がどうみえているかを考えてみるべきですし、また、裁判官よりもさらに高い認識者の視点、いわば鳥の視点、神の視点に立って訴訟の全体像を把握してみることも必要です。

これは、ビジネスなどの社会的・経済的活動でも、教育でも、何ら変わりありません。相手の視点、人々の視点、学生の視点等さまざまな視点に立ってみることで、全体についての、また、自己についての、正確なパースペクティヴ、ヴィジョンが得られます。リベラルアーツを横断的に学び、ボーダーレス、ジャンルレスに、さまざまな対象のもつ固有の視点から物事をみる経験を積んでゆくと、こうした能力が飛躍的に向上します。

さまざまな視点に共通する普遍的な問いかけを知る

このような側面からリベラルアーツに接するときに重要なもう一つの事柄は、「架橋《かきょう》」

ということです。さまざまな対象が与えてくれるさまざまな視点に共通する普遍的なもの、普遍的な問いかけは何かを考えながら、対象に接することが大切です。一つ一つの作品に個別的に接し、次の作品と出会うときにはもう前の作品のことは忘れてしまっているというやり方ではなく、自分の頭の中で、それらの間にコミュニケーションの橋をかけてゆくのです。

視点の移動の能力とともに、異質な物事の中から普遍的なもの、共通するものを見出してゆく能力が身についてゆくはずです。

なお、念のために付け加えておくと、架橋の重要性は「1 批評的・構造的に物事をとらえる」に記した「自分なりの批評の定点、基準点を保つ」こととは矛盾しません。「自分なりの定点はきちんと保った上でほかの視点との間に架橋を図ること」が大切なのです。日本の議論によくある「足して二で割る」方法は、自分の定点をもたないで、他人の意見の「間」を取るというやり方ですが、これは欺瞞《ぎまん》、偽善におちいりやすいよくない議論の仕方です。

5

ある分野の方法をほかの分野に転用する

書物の執筆にも生かせるジャズ・ロック演奏の霊感とリズム感

「方法の転用」も、リベラルアーツを通して得られる重要な技術です。

簡単にいえば、ある事柄についての方法は、他の事柄についての方法としても類推的に利用できるか、あるいは、他の事柄を理解、批評する方法として利用できるということです。

一例を挙げれば、文学や映画、あるいは芸術批評における「語り《ナラティヴ》」の方法は、論文や専門書にも応用できるものですし、全くジャンルの異なった音楽における「叙述」の方法さえ、執筆への転用はおそらく可能なのです。

僕の経験では、たとえば、法解釈学において一つの条文の意味を厳密に確定していったり、判例批評・研究において特定の判例の事実認定と判旨《はんし》（判例要旨）の関連を正確に読み取ったりする場合の頭の働き方は、クラシック音楽において指揮者やソリストが楽譜の意味を正確に読み取りながらそれを全体としての曲のイメージと結び付けてゆく作業に似ているのではないかと思います。

また、新たな方向を打ち出す書物や論文、あるいは創作を書いてゆくときの頭の働き方は、ジャズやロックにおいて、演奏者が、神経を極度に集中させながら、一方意識をリラックスもさせて、曲の本質にずばりと切り込んでゆくときの頭の働き方に似ているのではないかと思います。そうした意味で、音楽を集中して聴く訓練は、各種の執筆にも十分に応用できるのです。

大学、学界という「象牙の塔」の中の静かな仕事である専門書や論文の執筆においてさえこうしたことが可能なのですから、実社会で活躍するビジネスパーソンであれば、日々の仕事において、リベラルアーツから読み取り、自分のものにした方法、あるいはもっと直接的なリズム感のような生きた感覚をうまく仕事に生かしてゆくことは、十分に可能なはずではないかと思います。

僕自身は、文学、映画、音楽、漫画、美術等から学んだあらゆる方法、ことに広い意味でのリズム感やレトリック（修辞法、文章に豊かな表現、意味合いを与えるための技術）を、一般書、専門書双方の執筆に利用していますし、社会・人文科学、思想、批評、ノンフィクション等の書物から学んだ批評的・構造的なものの見方、物事のとらえ方を、書物の基本的な枠組み、骨組みとして利用するとともに、書く際の基本的な視点としても利用しています。さらに、書くものの基盤となる世界観、人間観、価値観、人生観等々については、自然科学をも含めたリベラルアーツのすべてから学んだものを適宜活用しています。

人間は、日々の生活のルーティーンの中で、惰性に従うことに慣れています。そして、自分の狭い世界における「方法」、すなわちものの見方、考え方、感じ方を唯一絶対のものとしてしまいがちです。

しかし、そのように外の世界と断ち切られた思考形態や方法意識は、みずからの思考や感性を硬直させ、あるいはフラットで一面的なものとし、やがては外の世界との溝を広げてゆくでしょう。

自分の世界の方法とほかのさまざまな世界の方法との間に、また、人々の生き方の方法との間に、新たな橋をかけ、そこに共通するものを探るためには、視点の移動と並んで、先のような「方法の転用」が非常に重要なのです。

6

自己を相対化・客観化して見詰める

みずからの考え方を相対化・客観化して検討する

最後に、これは「1 批評的・構造的に物事をとらえる」と関連するのですが、身につけるのがおそらく一番難しいこととして、「自己を相対化・客観化して見詰める」ことが挙げられます。

他人に対して説得力のある議論、立論を展開しようとする場合、議論を行う者は、抽象的、一般的な建前論を展開するだけではだめです。特に、議論の内容が批判的なものである場合には、「あなた自身はどうなんですか?」と足をすくわれます。

説得力のある議論を展開するためには、その主体が、自分自身の立場や、自分の理論が立っている基盤を検証し、みずからの考え方や議論がその立場や基盤によって影響されている可能性をもきちんと考慮に入れながら、論理を展開してゆくことが必要です。

日本の政治家や官僚の議論が説得力に乏しく、嘘くさく感じられることが多いのは、その議論が結局は彼ら自身の利益、権益確保を目的としており、にもかかわらず彼らがそのことを自分で検証していないどころか、十分に意識すらしていないことによるところが大きいと思います。こうしたことは、学者等の専門家や経済人についても、ままみられます。

これは、社会学者カール・マンハイムが提唱した「知識、思想の存在被拘束性」の問題です。その要点は、僕たちの思考や自己認識が、僕たち自身の存在のあり方、存立基盤に避けようもなく影響を受け、拘束されている、ということです。

マンハイムは、知識、思想の存在被拘束性を超えてその時々の歴史的な状況やその中にある真理に近付くためには、対立する見解を広く見渡し、その全体像を把握できるような総合的な「場所」を発見しなければならないとし、「不安な確信のない人たちのやり方に従って、存在する問題や矛盾をみないことにしたり、右翼や左翼の人たちのやり方に従って、そうした問題を自己の思想や立場の宣伝のために、あるいは、過去や未来の栄光のために利用してはならない」と説き、全体的な視野に立ちつつどこにも属さないで自由に浮動する知識人の役割、重要性を強調したのです。

僕は、「1 批評的・構造的に物事をとらえる」で論じた「批評的・構造的なものの見方、物事のとらえ方」と並んで、こうした「自己の思考がみずからの立場や利害に影響されていることを意識した上で、それによる補正を行いつつ自分の議論を組み立てる能力」も、日本人に弱い部分だと思います。日本文化に特有の「建前と本音」の乖離《かいり》が、この傾向を助長しています。

表では体面をとりつくろうための「建前」をいい、裏ではむき出しの情緒的な「本音」を語る。そこには、自分の本当の姿を、また、自分の議論がみずからの立場や利害によってどのように影響されているかを厳しく検証し、自分の議論の価値を高めようとする真《しん》摯《し》な努力が欠けています。

その視点は、みずからの生育歴、立場、利害等に影響されていないか?

「1 批評的・構造的に物事をとらえる」に記したように、「批評的・構造的なものの見方、物事のとらえ方」には、自分なりの「定点」が必要ですが、それと同時に、そのような自分のスタンドポイントが、みずからの生育歴、立場、利害等によってどのように影響されているのかを見極め、意識しておくことも必要です。そうでないと、議論に客観性や説得力がなくなり、容易に足をすくわれます。これは、日本では、政治家や官僚はもちろんですが、知的専門職に就《つ》いている人々にさえままみられる欠点です。

そのような人々であれば、本来なら当然に、また十分に備えていなければならない「存在被拘束性」の意識が弱く、そのために、善意でがんばっていても、客観的にみれば自己満足的あるいは傲慢《ごうまん》尊大であったり、あるいは過度に自己規制的、集団規制的であったりで、その努力について一般の人々やほかの世界の専門家の理解も得にくい、極端な場合には、実は他人を傷付けたりその迷惑になっているにすぎないにもかかわらずそのことに気付けない、そうした事態を招いている場合が、しばしばあると感じます。

ビジネスの世界でも同じことで、たとえば、本当は自分の利益、自分の会社の利益しか考えていないのに、そのことを隠すだけでなく、自分自身で意識すらできていない、そうした仕事や営業のあり方では、相手も不快になり、継続的で安定した信頼関係を築くことはできないでしょう。

僕も、裁判官退職後にリスク分散のために退職金をいくつかの銀行に分けて預金したことから、生まれて初めて複数の銀行と並行して関わりをもつようになりましたが、比較的信頼できる銀行は、「当方ももちろん商品を買っていただきたいですが、あなたにもこんな利益があるんですよ」という説明の仕方をし、考えられるリスクについても、質問すればきちんと答えます。

これに対し、「とにかくうちがもうかればよく、顧客のことなんかどうでもいいや」というところほど、反対に、口では顧客の利益だけを一方的に強調し、あたかも特別な親切ですばらしい商品を紹介してやっているんだといわんばかりの態度をとりがちです。笑顔を振りまいて腰だけは低くても、信用がなりません。これは、まさに、ビジネスにおける「みずからの存在被拘束性」の認識を欠いた態度だということになりますね。

リベラルアーツの作り手たちは、皆、この自己認識の能力には長《た》けています。そうでなければ、本当に説得力や社会的影響力があり、後世にも残るような仕事をすることはできません。僕自身も、大学の演習等ではできる限り自己認識の方法を教えることを試みてはいるものの、学校でこれを教えることはなかなか難しく、ある意味、リベラルアーツを通して独力で習得するしかない技術だといえるかもしれません。

第2章
実践のためのスキルとヒント

2

Section

1

情報収集と情報処理をどのように行うか？

質と稀少性の高い情報を厳選する

現代は情報の時代であり、情報に満ちあふれています。反面、情報におぼれてかえって全体がみえなくなっている人々も多い。そういう時代であり、この傾向は、おそらく、今後も加速される一方でしょう。

こうした情報化社会では、情報収集・処理のあり方が非常に重要になってきます。そこで、僕が日常行っている若干のスキルを御紹介しておきたいと思います。

これは、リベラルアーツに関する情報収集や処理にも役立ちますが、それにとどまらない、一般的なスキルでもあります。

まず、情報を精選することです。自分独自の思考や発想をもちたい、オリジナリティーをもちたいと考える人については、ことにそのようにいえます。

みずからの思考力の強化、視野の拡大、新たな発想の獲得に生かすつもりであれば、情報については、その質と稀少性をみるべきです。誰もが得ている一般的な情報や、自分の心や耳に心地よいだけの情報は、ジャンクフードみたいなもので、口当たりはよくても、後に何も残りません。質と稀少性の高い情報は、必ず、受け手にも一定の対価を、つまり、思考と時間を要求するものです。

媒体《メディア》ごとの特性を考える——テレビ、新聞、雑誌、書物、インターネット

僕の場合、テレビは、自分からはあまり見ません。食事時だけは家族に付き合うということですね。実は、大きめの専用テレビはもっているのですが、これは、映画を見る

ときにしか使いません。本を書いたり、考えたりするために役立つ情報は、テレビからはそれほど得られない。もちろん、報道特集、教養番組等にはよいものもあるのですが、チェックしたり録画したりするのが大変ですし、見るにもかなりの時間がかかります。ですから、基本的にはいさぎよくあきらめ、特別に興味を引くような番組が目にとまれば、それだけ見ています。

新聞や雑誌からもある程度のものは得られますが、近年は、ことに新聞について、適切なアジェンダが発見できていない、掘り下げが浅い、そうした傾向が目立つようになってきました。

雑誌はその点ベターであり、稀少な情報も得られることがあるのですが、これは、テレビ以上にチェックするのが大変です。そういうわけで、雑誌もあまり読みません。もっとも、雑誌の特集号だけは、内容の濃いものが時々あるので、興味をもっている分野のものはある程度フォローしています。

なお、新聞についてオリジナル情報としての価値が落ちた理由には、ある程度重要な記事であれば、インターネットによって、事後的に、それも、数紙をまとめて、また、ウェブマガジン等インターネットの詳しい記述をも含めて、照らし合わせながら読むことが可能になったということもあります。

結局、僕の重要な情報源は、書物、補充的にインターネットです。なぜなら、書物は、そこから得られる情報、思考、感覚の質の高さ、稀少性という意味では、ほかの媒体より格段にすぐれているからです。また、古典等の歴史的な知恵の集積は、書物という形でしか接することができません。たとえ、紙媒体の書物が衰えて電磁的なものが主流になるようなことがあるとしても、なお、まとまった思考や感覚の結晶としての書物の価値、重みは変わらないでしょう。

日本人の読書量は国際的にみても大きいとかつてはいわれていたものですが、最近の各種調査の結果をみると、どうも、世界的にみても小さいほうに転落しているようです。下は韓国だけという調査結果さえありました。一方、日本でも、ハイキャリア女性の読書量は一般的な成人の約四倍という調査結果も出ています。

「この人は本なんか一冊も読んでいないけれどすごい」といった人物も、昔なら存在した、あるいは辺境と呼ばれるような国や地域なら今でも存在するかもしれませんが、高度情報社会ではもう皆無に近いでしょう。

インターネットは、端的にいえば図書館代わりです。自分のもっている情報は正確か、より新しい、あるいは詳しい情報はないか、自分の発想に落ちや補うべき部分はないか、それらをまとめてみた場合の細部の記述の正確性、そういう部分を詰めてゆくときには、インターネットは、非常に有用です。

また、ジャーナリズムに関しては、今後、最も可能性のある分野の一つが、インターネットジャーナリズム、ウェブマガジンではないかという気がしています。ほかでは流されていない重要な情報、あるいは掘り下げた分析が、そうしたネットジャーナリズムに出ることが多くなってきているからです。これは、権力によるメディア統制、メディアコントロールが、インターネットジャーナリズムには及びにくいことと関係がありまず。記者も、フリージャーナリスト、ビジネス関係の仕事をもっている人など専業ではない人が多く、その分、自由な取材や報道ができるという大きな利点をもっています。

書物から効果的に情報を得る

書物は、自分が興味をもっている分野については継続的にチェックしています。ここ十数年は、あまり書店にはゆかず、多くの書物はインターネットで買っています。時間がかからないし、自分の知っている分野のものであれば、インターネットの紹介程度でも、すぐれたもの、必要なものの判別は十分につくからです。著者、タイトル、出版社の組み合わせだけでも、ある程度のことはわかります。

書物は、新しいものでも古書でも、ともかく引っかかったら買ってストックしておきます。まれにですが入手不能になることがあるからです（なお、最も入手不能になりやすいソフトはDVDですね）。そして、自分の当面の執筆や研究に関係するものは先に読み、それ以外は、重要と考えるもの、あるいは面白そうなものから読んでいます。

なお、書物については、普通に読む以外に、「めくり読み」とでもいうべき読み方もあります。これは、知的職業に就いている人間の特技のようなものですが、難しい本でなければ、ゆっくりめくる程度のスピード、一冊一〇分から一五分程度の時間、その時間もなければ数分程度の早めくりでも、それが提供するおおよその情報は得られるものです。これは、特に、優秀な裁判官、弁護士には絶対に必要な技術です。法廷で出されたものを即座にぱっと読んでぱっとわからなければいけないからです。

僕は、近年は、買った本については、たとえ処分する場合であっても、最低限こうした形で目を通すことだけはしています。もっとも、この読み方では、著者との対話とか方法を学ぶなどといったことはおよそ無理で、あくまで「おおよその情報」が得られるだけです。また、文学の場合には、こうした読み方は無意味です。ただ、最近は、新聞や週刊誌レヴェルの記述、その程度の密度しかない、めくり読みで十分足りるような本が増えてきていることは残念です。

インターネットは目的を定めて使う

インターネットは、特別な目的をもたずに見ることもありますが、時間としてはわずかです。目的をもって見る場合には、ほとんどが執筆か研究に関係しています。執筆との関係では、記述の細部を詰めるための確認に使うことが多いですね。インターネットは、ライターにとっては夢のシステムという部分があります。かつてなら図書館に出かけて何時間もかけて調べなければならなかった細々《こまごま》とした事実、情報が、国内のものも英語のものも、数分間、数十分間で簡単に確認でき、入手できるのですから。

たとえば、書物の中の比喩《ひゆ》でナポレオンフィッシュを使いたいという場合に、その色や形がよくわからない、そんな簡単なことでも、かつては、メモしておいて図書館に出かけなければならず、本当に大変でした。いろいろ探してみても、魚類図鑑や百科事典の情報は意外に限られ、結局、子ども向けの図鑑が一番ましなどといったことになる、そんな苦労がよくありました（実際の特徴は、青っぽい大魚、頭部が大きくかつ目立ったコブがある、唇がとても分厚くかつ突き出している、目と唇が離れている、などで、非常にとぼけた味わいがあります）。今なら、インターネットによって、数秒で、いくらでも画像が見られますし、よりよい比喩を書くために適切なナポレオンフィッシュに関する情報だって、わずかな時間で簡単に得られます。これはすばらしい。

ライターであれば、こうした機能だけでも、月に数万円くらいはインターネットを用いた検索利用のために支払う価値があると思います。実際にはただですが。

インターネットは、漫然と見ていても、少なくとも僕のようにそのシステムにうとい人間では、重要な情報はほとんど得られません。知りたい事柄を的確に絞れば絞るほど有益で高度な情報や意見が得られます。

ブログ等の記述についても、アクセスが多いものほど価値が高いとはいえない。まあ、それは、インターネットが一種の「世間」であることを考えるなら、仕方のないことでしょう。ただ、絞ってゆけばそれなりに価値のあるものに容易にアクセスできるという点は、普通の「世間」とは異なります。

要するに、新たな思考や発想の基盤になるのは、まずは書物です。インターネットは、非常に便利ではありますが、インターネットジャーナリズムの中のすぐれたものを除けば、情報の細部を詰めたり確認したりするための、あるいは参考意見を調べてみるための利用、そのような意味での図書館代わりの利用が主であって、位置付けとしては、補充的、副次的ということです。

以上はあくまで僕の個人的な見解にすぎませんが、一定の根拠はあると思います。なお、僕も、もっと若かったら、ある程度時間の無駄があっても多くの媒体からいろいろな情報をとると思うのですが、残念ながら残された時間がだんだん少なくなってきているので、自分にとっての機能性とコストを最大限に生かした情報のとり方をしているわけです。

何でもかんでも残さない

情報処理に関してほかに重要なのは、厳選して情報をとり、利用した後は、その中でも特に必要なもの、必要になる可能性があるものだけを選んで残す、いいかえれば「何でもかんでも残さない」ということでしょうか。

僕の場合でも、たとえば一冊の本の執筆資料はかなり大きなものになることがありますが、そのうちで後に残すのは、再度参考にする可能性があるものに限定しています。膨大なものを残しても、場所はふさぐし、パソコンに入れるにはかなりの時間がかかるし、結局どこにあるかわからなくなってしまって使えないことも多いからです。なお、情報といっても、リベラルアーツを構成するようなものは、残しておくほうがいいといえますが、これについては「4　書物や作品のコレクションを作ることにはどんな意味があるのか？」で述べます。

2
情報とアイディアをどのようにストックするか？

不可欠なものではないメモ、カード、ノート

情報の整理に関して重要なのは、それをどのような形で残しておくかということです。この「残すこと」について、それにメモ、カード、ノートなどの形を与えるために大きな時間をかける人もいますが、どのような形のものを残すにせよ、重要なのは情報が自分の頭の中に残っていることであり、先のような「形」は、頭からすぐ情報を引き出すための手がかりと考えるべきです。

情報が、体系的、構造的に自分の頭の中に位置付けられていると、今度は、それを元にしたアウトプットが可能になります。アウトプットの元になるのは、インプットによって触発された自分自身のアイディア、発想の核としてのアイディアです。それについても最後に関連してふれましょう。

まず、読んだ書物等についてメモ、カード、ノートなどを作るかですが、僕も、若いころにはしたことがあり、すぐれた書物についてこうした要約を行うことは、よい知的訓練になると思います。ただ、僕自身は、執筆を始めたころから、やめてしまいました。端的に、時間がとても足りなくなったからです。

『民事保全法〔新訂版〕』〔日本評論社〕というその分野では弁護士等に最も広く使われている体系書についても、裁判官時代に初版を書いたときには、最初に目次だけ作って、メモ等は一切使わずに、机のまわりに山のように参考文献や資料を積み上げ、ぶっつけで書いていました。

このやり方は、必ずしも僕だけのものではありません。よく知っている事柄についてなら、慣れてくれば、こうしたことも可能になります。つまり、メモ、カード、ノートは、あれば便利ですが、絶対に必要なものとまではいえないと思います。

アンダーラインを引く、扉に簡潔なメモを記す

僕は、現在では、本を読みながら、重要な箇所についてだけ、本の表紙を開いた扉の部分（最初の白い頁）に、一言、二言のメモを頁とともに記しています。これなら簡単にできるし、執筆等の際に参照したい箇所がすぐに探せて便利だからです。

また、専門書、論文、執筆資料のうち特に重要なものを読む場合には、重要部分に定規を使って傍線やアンダーラインを引いています。これは、専門書を書くために後から参照する場合に便利だということもありますが、線を引くことによって、書物全体の中での位置付けを考えながら重要部分の内容を記憶してゆく、あるいはそれについて思考をめぐらすという意味がより大きいですね。

学生が教科書にどのように線を引いているかを見るだけでも、その学力や理解度について大体の見当が付くものです。書物の重要部分が適切に見分けられるようになれば、おおむねその本が理解できているといってよいのです。

CD、DVDは、数が多い場合にはカード等を用いて整理する

今でも全部カードを使って整理しているのは、CDとDVDだけです。「4　書物や作品のコレクションを作ることにはどんな意味があるのか？」に記すとおり膨大なコレクションなので、整理しておかないと、どこにあるのかはもちろん、何をもっているのかさえ不確かになるからです。

また、映画については、一二歳の時から、何を見たかだけは全部記録しています。カードを使わずに、ルーズリーフに順番に記してゆく形式にしたことがよかった、簡単だから続けられたと思います。今になってみると、書物についても同じような形で記録しておけばよかったなと思います。最近、遅ればせながら作り始め、いつ何を読んだかと簡潔な感想だけは、映画同様ルーズリーフに順番に記しています。

このように記録しておくと、いつ、何とどのように接した、対話したかがたちどころにわかり、そうした記述の変遷《へんせん》から、自分の成長してきた部分、そうでない部分ともによくみえるようになります。

また、同じ形式によるソフトの数が多い場合には、単に整理という観点だけからも、記録しておくことが必須です。九〇〇〇枚以上のCDから必要な一枚を探し出すことなど、カードがなければ不可能だからです。僕は基本的にアナログ型情報処理に慣れてしまっているのでやりませんが、パソコンのデータベースを利用すれば、データについてさらに高度な使い方ができるでしょう。

創造の核となるアイディアをストックする

僕は、得られた情報の記録だけではなく、自分のアイディアもストックしています。書物（一般書、専門書）と論文の簡単なプランだけで、構想だけのものも含めて全部で三〇くらいのものですが、こういうふうにまとめておくと、ちょうど溶液の中に入れておいた小枝や小石の周囲に結晶ができてゆくように、自然に、無意識のうちに、書物や論文のプランが、頭の中にゆっくりとできてゆくのです。

実は三〇代の後半から同じようなことはしていたのですが、そのころは、個々のアイディア自体が思い付きの域を出ない、熟していないものだったので、それらの中で実際に実を結んだものはわずかでした。今は、大体こんな本、論文という程度の具体的なイメージをもてるものだけストックしているので、もちろんそれらが実を結ぶか否かは機会と時間によると思いますが、先のような結晶化は、より進みやすくなりました。

これもおそらく誰にでもできることで、ビジネス等関心のある事柄についての私的なアイディアをストックしておけば、リベラルアーツの個々の対象、書物や作品を選択する際にも、それに接する際にも、目的をもった方向性のある読み方、自分独自の視点、観点がよりもちやすくなると思います。

また、そのアイディアを実行に移す場合にも、より短い時間で、かつ、より効果的にそれを行うことができるでしょう。すでに頭の中で無意識のシミュレーションが何度も繰り返されているからです。

3 収集、蓄積した情報からどのようなものを生み出したいのか？

――機能性とコスト

それは、時間とコストをかけるほどの社会的価値あるアイディア、発想か？

リベラルアーツを学ぶ際に、その過程で特定のテーマについて新しい情報や新たな発想を得ようとするのなら、どのようなテーマを念頭に置くかの選択に当たっては、機能性とコストも考慮に入れておくとよいと思います。つまり、リベラルアーツの蓄積を元に自分は何を生み出したいのかというアウトプットの側面をも考えながら学ぶことが大切です。そして、その「アウトプットの側面」を考える場合には、「機能性とコスト」が重要な要素になると思います。

機能性を重視するのは、そうでないと、テーマの選び方も、結果として得られる成果も、自己満足的なもの、趣味的なものになってしまいがちだからです。そうしたものには、広がりがありませんし、他人に訴える力も乏しくなります。

たとえば、自分が興味をもつ事柄に関する私的な検討、研究についても、それを自己目的化することはつつしみ、何らかの実践的提言を行い、あるいは、新しい理論的展開を図る、そうした現実的な方向性を保っておくべきです。いずれに重きを置くかは別として、両者の方向を併せて意図することが適切だろうと思います。

つまり、私的な検討、研究についても、その機能性を考え、できる限り社会的影響力の大きくなりうるものを選ぶほうがよいと思いますし、それにかかる時間や費用のコストについても、それをかけることがふさわしいものかどうかを考慮したほうが、よい結果が得られると思います。

なるべく自分がよく理解していて手の内に入っており、かつ、自分のこれからの仕事、また、人々や社会に与える影響、効果の大きいテーマを選択することです。常に、その検討や研究を人前で発表したり、自分のやりたいことに生かしたりする可能性を考えながら、それを行うとよいと思います。

職人至上主義的価値感覚に注意

ここでも、第1部でふれた、「日本人の求道大好き傾向」には注意すべきです。日本人の美意識として、「実際の役に立たない研究、あるいは、趣味と芸の世界における求道、そうしたものにこそ至高の価値がある」という独自の「職人至上主義的価値感覚」があると思います。しかし、これは、第1部でも述べたとおり、視野が狭くなりやすい限界がありますし、独善や自己満足におちいりやすい弊害もあります。

検討・研究にせよ実践・実務にせよ、「この道一筋、求道の極み」みたいなことばかり言っている人ほど、どうでもいいような細かいことにこだわり、専門世界の狭い「決めごと」に固執する傾向がある、僕の経験からして、それは否定できないように感じます。こうした側面では、「特定の人間の思想、考え方や行為は、社会においてどのように機能し、人々にどのような影響を及ぼし、どのような効用をもたらすのか」を常に問い続けるアメリカ的な機能主義（その思想化が、第3部でふれるプラグマティズムです）には、学ぶべきところが大きいのではないかと思います。

4

書物や作品のコレクションを作ることにはどんな意味があるのか?

書物や音楽CD、映画DVDは、処分せずにコレクションとする

「1　情報収集と情報処理をどのように行うか?」では精選、厳選をいいましたが、書物や芸術作品等リベラルアーツのコレクションについては、微妙なところがあります。楽しみのレヴェルにとどまるのであれば、本当に好きなものだけ取っておけば十分だと思いますが、リベラルアーツを学ぶという観点からすると、保存しておく、コレクションを作るということにも、それなりの意味があるからです。

僕の場合も、買うときは本当に厳選していることもあり、書物や芸術ソフトは処分しにくいというのが事実です。本（専門書と漫画を除く）は、正確に数えたことはありませんが、これまでに読んだものの六割くらい、三五〇〇冊くらいはまだ持っていると思います。なお、漫画も段ボール箱で三〇箱くらいはあります。これについては、いつか漫画に関する本を一冊書きたいと思っているために資料として残してあるものも、かなりあります。

CDは九〇〇〇枚余り、内訳は、ロックとクラシックが各三五〇〇枚、ジャズ九〇〇枚等です。ジャズだけでも、昔ならジャズ喫茶が開ける枚数になります。今後新しいソフトのフォーマットが現れても、全部の買い替えはとても無理ですね。

DVDとブルーレイも九〇〇枚余りあり、DVD化されていない、あるいは買い替えていないビデオもまだ数百本保存しています。ほかに、専門書も相当にあります。その結果、教授室は別にして、自宅も、書斎の押入はCDの段ボール箱で満杯ですし、隣室や二階の小屋裏収納にまでものがあふれて、家族のひんしゅくを買っています。

これらのうち一番重要なものは、書斎の、幅が三・三メートル三層で合計一〇メートル、高さが二・四メートルのスライド書棚に納めています。この書棚の床下には二トンの負荷がかかるので、特別な基礎を打って補強してあります。

音楽ソフトの数が段違いに多いのは、ロックとクラシックについては、価値がありそうなロックのアルバム、クラシックの録音（二〇世紀の録音に限定しましたが）は全部聴いてみたいというとんでもない野心をもってしまったからです（書物の場合には、そうした野心を抱いても、およそ実現不可能です）。

また、音楽というのは、たとえばロックであれば才能ある若者たちにはまずは録音の機会が与えられるし、クラシックであれば定評のあるアーティストはかなりの数の録音を残している、そうした事情もあります。

これが映画になると、第3部でもふれることですが、莫大なお金がかかり、したがってどうしても多数の観客を集めなければならないという商業上の制約、そして、多数のスタッフのインスピレーションが一つの方向に結集しないとよいものはできないというチームワークの制約から、すぐれた作品の数は、相当に限られてきます。したがって、手元に置いておきたいものは、音楽の場合よりはずっと少なくなります。

なお、ロック等のポピュラーミュージックについては、携帯ステレオの実質をもつ一二八ギガバイトのウォークマンに約二万五〇〇〇曲を入れて、外出中の時間が空いたときに、シャッフルモードで聴いています。次にどんな曲が出てくるか予想がつかないので、感性に対するよい刺激、訓練にもなります。また、こうした音楽のリズムは、思考や執筆のリズムにも影響しますし、落ち込んだときにも、ぐっすり寝た後で喫茶店でこれを聴いていると、また、「よし、やるぞ!」という気持ちになれますね。

コレクションを身近に置くことで、自分の位置が常に確認できる

このような膨大なコレクションをしている理由ですが、一つは、書物や芸術は僕にとって幼なじみか兄弟のようなものだから、ということがあると思います。

もう一つは、それらが僕のイマジネーションの源泉、その主要なものの一つだからということがあると思います。書物の中核部分は、それらの著者の方法、その言葉の使い方の技術すなわちレトリックの形が、自分の中に型、スタイル、方法となって残っていますし、芸術についても、ほぼ同じことがいえます。だから、いつでも参照、利用でき

る状態にしておくことが必要なのです。

そうした理由から、こうした書物や作品については、先の書斎のスライド書棚に納めて、随時参照できるようにしているのです。

おそらく、コレクションの究極の意味は、いつでも手に取れる場所、タイトル・背表紙が眺められる場所にそれらがあることによって、自分の生きてきた精神の形、あるいはその位置する場所が確かめられることにあるのだろうと思います。

かなりの部分を記憶しているそれらに時間を置いて繰り返しふれることで、それらを鏡として自分の位置を見定めることができるし、自分の進歩や退歩、転向や回帰の形もわかる、そういうことなのではないでしょうか。

だから、もはや読むことはないかもしれない書物等でも、それが価値あるものと認められる限り、並べておくこと、取っておくことは、無駄ではないと思うのです。もっとも、人生最後の数年間くらいは、それらのうちでも本当に好きなものだけを選んで、読んだり聴いたり見たりして過ごしたいとは思いますが。

以上についても、あくまで僕の個人的な見解にすぎませんが、一定の根拠はあると思います。少なくとも、リベラルアーツを系統的に学びたいという人は、本、CD、DVD等を片っ端から処分しないで、そのうちで心に残っているものは、少なくとも自分の価値観や審美眼が確立するまでは、保存しておいたほうがいいでしょう。

3
Part

第3部

実践リベラルアーツ

——何からどのように学ぶのか？

第3部では、第1部で述べたリベラルアーツの必要性、第2部で述べたリベラルアーツを身につけるための基本的な方法と戦略を前提として、自然科学系、社会・人文科学系、芸術系の各分野について、すぐれた書物をピックアップしてゆきます。僕の選択基準は、ジャンルによる上下の区別を付けず、しかし、どのジャンルについてもなるべくすぐれたものを広く選んでゆくというものです。

リベラルアーツ、教養という側面から、知性や感性をきたえるために有益なもの、役立つものを選んで、その面白さと、大きな枠組みの中での広がり、つながりを示したいと思います。芸術の各分野についての詳しい紹介は、機会があれば別の書物で行いましょう。

本書における書物選択の一般的傾向

僕の選択の一般的傾向についても、ここでまとめてふれておきます。

詳しくは第2章「1　哲学」の項目で述べますが、それは、哲学的・思想的方法としてのプラグマティズム、より広くいえば、「はしがき」でベーコンの言葉に関連してふれた経験主義、帰納法的な考え方、発想法に基づいています。物事を観察して得られる個々の具体的な事実を総合して一般的、普遍的な原理、法則を導き出す考え方、発想法ということです。

反面、まず一般的な原理原則を立ててそこから理論を導き出してゆく演繹法的な考え方、発想法はとっていないし、そうした考え方、発想法に基づくような書物や作品は、あまり選んでいません。わかりやすくいえば、観念的傾向、観念臭の強いものは避けているということです。

これは、第1部でもふれたとおり、官学的な傾向の強い大学におけるドイツ系の演繹法的な思考方法や教育方法、つまり、まず原則を立ててそこから結果を導き出してゆく、そのような形で人間や組織を制御する、そして、個々の人間や事柄には必ず存在する「ずれ」や「はみ出し」がもっている創造的な力を認めず、むしろこれを切り捨ててしまうといったやり方は、そのよくない面ばかりが目立つ状況になってきているという僕の現状認識によります。そうしたやり方は、行政・司法官僚、政治家、中心的なものとされてきた大学の学者といった人々の能力低下と創造性の乏しさ、日本という国家やその社会の活力低下を招くのみならず、机上で計画した物事が新たな事態に対応できず、場合によっては予想外の事故を招くといった結果をも導いています。

自然科学から社会・人文科学、思想、批評、ノンフィクション、各種の芸術まで

そのような観点から、本書では、まず、自然科学、それも、人間と世界のあり方に関する基本的な知識や視点を得るために有用な分野のそれを重点的に選択しています。そして、この部分の記述は、いわば、現時点における僕の人間・世界認識の基本的枠組みを記述したものともなっています。

おわかりのとおり、歴史的にこうした役割をになってきた学問は、哲学、それも前記の演繹法的な思考方法に基づくそれでしたが、僕は、先に述べたような理由から、現状におけるその有用性をかなりの程度に疑っています。これは、僕の卒業した大学である東大等の官学的学風の強い大学における主流派の学問、こと

に文科系のそれの方法に対する疑いをも含んでいます。また、二〇一一年の福島第一原発事故によって、こうした弊害は文科系だけの問題にとどまらないことも、明らかになりました。

なお、僕自身は、哲学はその領域のかなりの部分を諸科学、ことに自然科学に侵食されてきており、今後もこの傾向は持続すると思っています。もっとも、科学における倫理の問題については、哲学者との学際的アプローチが非常に重要でしょう。

次に社会・人文科学系のリベラルアーツについては、大学、狭い意味での学問という垣根を無視して、思想、批評、ノンフィクションまでを広く含めた選択を行い、また、個々の書物を選ぶ場合にも、なるべく、経験主義的な観点に基づく世界観の組み立てや発想に有益なものを幅広く選ぶ一方で、ドイツ系哲学等の演繹的な思考方法に立つ観念臭の強い書物（たとえば、カントの『純粋理性批判』やヘーゲルの『精神現象学』のような、そのタイトルからして演繹的志向の強い哲学書）は、ほとんど選んでいません。

これには、前記のような僕の考え方に加え、僕自身が、文科系の人間ではありますが、一方では自然科学的な志向が強く、一方では芸術という感性と直観に基づく領域から多くを学んできていて、演繹的な思考方法、官学的な学問等に対する違和感の強い人間だという事情もあります。実際、ドイツ系の哲学書等も少年・学生時代には一定程度読みましたが、それらが自分の中に本当に思想的方法、考えるための技術として残ったかというと、ほとんど残っていないというのが事実なのです。自分にとって有用ではなかったものを人に薦《すす》めることはできません。

なお、ドイツ観念論等のドイツ系哲学は、日本の法学にも大きな影響を与えていますが、僕自身は、日本の法学のそうした側面についても批判的であり、プラグマティズム的な機能的方法を重視した法学を提唱しています（『民事訴訟の本質と諸相』〔日本評論社〕等。なお、一般書である『絶望の裁判所』、『ニッポンの裁判』についても、その方法意識は共通しています）。

最後に、本書のオリジナル版における僕の選択については、芸術という領域が非常に重要であり、また、その中から、単なる感覚的な喜びにとどまらず、深い思索や、物事を構造的、体系的にとらえる視点をも含んだものを重点的に選んでいます。この点もかなり特徴的だろうと思います。また、その分野も、文学、映画、各種の音楽、漫画、広い意味での美術と、多方面にわたっています（もっとも、本エッセンシャル版では、編集の方針から、芸術作品名は省いています）。

以上のような意味では、第3部の選択も、第1部、第2部同様、あくまで、僕という個人、一人の自由主義的学者・ライターの世界観、価値観や考え方、感性によって枠付けられ、切り取られたものであることは間違いありません。しかし、これは、仕方のないことだと思います。僕自身、総花的でフラットな案内書が役に立ったという経験は皆無であり、役立つ情報というのは、常に、「相当の根拠や基盤をもつある視点によって切り取られたもの」だと思っているからです。ただ、その視点が自己のよって立つ場所や限界を意識していることは必要でしょう。本書の記述に当たっても、その点は忘れないように注意しているつもりです。

基本書は繰り返し読む

関連して、書物の読み方等に関する注意事項についてもふれておきます。

書物のうち、自分の仕事にとっての基本書は、一冊を何度も読み返すことが必要です。

僕は、第2部でふれた体系書『民事保全法』を書く過程で、その分野のかつてのスタンダードであった『新版 保全処分概論』〔西山俊彦、一粒社〕という書物を、七、八回は読んだと思います。二、三行の記述の意味を、何度も、時には何時間もかけて、検証し直しました。

まあ、これは、顕微鏡で覗くような学者特有の読み方ですが、自分の専門分野についての最も重要と考えるような本であれば、数回は読み返して頭の中に叩き込んでしまうと、考え方や発想の核として大きな力を発揮すると思います。

書物の歴史的・体系的な位置付けを確かめておく

それ以外の書物についても、その歴史的・体系的な位置付けを、読む前か読んだ後にインターネットなどを利用して確かめておくと、個々の本が、頭の中で正確な位置を占めてゆくはずです。たとえば、その書物が書かれた時代的・社会的背景、著者の仕事全体の中での位置付け、与えた社会的影響等について確認しておくといいでしょう。かつては文庫等の第三者解説も質の高いものが多かったのですが、今はかなりいい加減になってきているので、インターネットを利用して信頼できる記述を拾っておくのがベターです。

芸術については、楽しむだけでなく、第2部でふれたように、対話と学びの姿勢で接してゆくことが大切です。歴史的・体系的な位置付けが有用なことは、書物の場合と変わりありません。

なお、はしがきにも記したとおり、今日では、インターネットの利用によってユーズド商品の入手が容易になりましたし、書物については図書館の利用も可能ですから、現在販売されているか否かにはあまりこだわらず、あくまでその「質」を中心とした選択を行っています。

自然科学から、社会・人文科学、思想、批評、ノンフィクション、そして、文学、映画、音楽、漫画、美術までを、一つの大きなパースペクティヴの中で、リベラルアーツの横断的な連続体として実感していただければと思います。

第1章
自然科学とその関連書から、人間と世界の成り立ちを知る

1 Section

自然科学をリベラルアーツの先頭にもってきたのは、第3部の冒頭でもふれたとおり、現時点で、人間と世界のあり方に関する基本的な知識や視点を獲得するためには、自然科学から得られるデータや推論が最も重要かつ確実ではないかと考えられるからです。以下に掲げるような分野、すなわち、生物学、脳神経科学、精神医学、物理学、天文学等々の研究は、その進展に伴い、かつては哲学が占めていた領域の多くをその中に取り込んでしまいました。

僕は社会・人文科学系の人間であり、読んできた書物はそちらのほうがずっと多いのですが、もともとは自然科学的な志向も強く、最近は好んでその方面の書物を読んでいます。

これは、すでにふれた経験主義的思考方法ということと深く関係があります。近代になってから徐々に体系化されてきた社会・人文科学の領域は、その成り立ちとしてはおおむね自然科学を模範、規範にしていますが、大きな違いが一つあって、それは、ベースとしている実験の精度、検証可能性が低いということです。学問の始まりの形であった哲学に至っては、その主流である演繹的方法によるものは、およそ実験、検証しようがないような、頭の中で始まってそこで完結してしまう議論の組み立て方をしている場合が多いといえます。その意味では、ほとんど文学と変わりないのではないかという気がします。

しかし、実験の精度や検証可能性が低いことは、人間と世界の成り立ちの大筋をとらえるためのリベラルアーツとしては、やはり、大きな欠点といわざるをえないでしょう。ことに、倫理学領域の議論にはその欠点が目立つように感じられます。議論の定点が定まらず、堂々めぐりのものになりやすいのです。たとえば、日本でも評判の高かったマイケル・サンデル『これからの「正義」の話をしよう』〔ハヤカワ文庫NF〕などもその一例で、僕には、倫理をめぐる気ままなおしゃべりに学問的体裁を施してみた書物、という印象が強かったというのが正直なところです（まあ、これには、好みからくる偏見があるだろうことは認めますが）。

社会・人文科学者は、しばしば、たとえば生物学者の議論について「根拠のないトンデモ議論、人間の価値をおとしめる偏見に満ちた議論」といった批判をしたがりますが、各分野の学者の書いたものをそこそこ読んできた僕の目からみれば、それはむしろ逆で、「根拠のないトンデモ議論」とまではいわずとも「客観的根拠に乏しい議論、事実やデータの厳密な検証に基づかない議論」、「根拠のない性善説とセットになった安直な環境決定論（人間の悪を内なるものとして冷静に検証せず、すべてを生育環境のせいにする議論）」、「人間の動物との連続性をあまりにも無視した脆《ぜい》弱《じゃく》、主観的な理想論」等々の問題は、社会・人文科学系の学者のほうにより多くみられるように思います。決してきれいごとではない裁判実務の世界で長い間悪戦苦闘してきた僕のような実務家経験のある学者の目からみると、そうした議論はきわめて弱いものにみえることが多いのです。

以上のような理由から、僕は、現時点では、人間と世界の成り立ちの大筋をとらえるためのリベラルアーツ、そのような意味での総論的リベラルアーツとしては、自然科学のほうがより確実なものを提供していると考えます。

僕が第３部の最初に自然科学を配置した理由は以上のとおりです。

以下、個々の分野の選択と個々の書物の紹介に当たっても、以上のような僕の問題意識、現状認識を頭に置いていただくと、僕が個々の書物を選んだ意味をより的確に理解していただけると思います。

なお、「1 生物学」と「2 脳神経科学」については人間存在を考える上で最も重要な領域と思われます。また、「3 精神医学関連」では、自然科学以外の関連一般書も取り上げています。人文科学との境界領域ですが、生物学や脳神経科学との関係が深いことから、ここに位置付けました。「4 自然科学のそのほかの分野」では、物理学、天文学をはじめとして、世界の成り立ちとそれに関わる問題を取り扱っている分野の書物、また、思考の枠組みを広げたり新たな発想の糸口になったりすると思われる書物を選択しています。

1

生物学
——人間の動物との連続性を明らかにする

現代的な視点から人間のあり方や未来について考えるためには、まず第一に、「人間の動物との連続性」、「動物としての部分」を自覚し、視野に入れておく必要があると思います。人間とは、言葉をもち、認識と思考の力をもった動物にほかならないからです。しかし、人間が、そうした新たな能力によって、自己の有限性、存在被拘束性を知るのみならず、非常に短い期間に高度な文明をもつことさえ可能になった、不思議な動物であることも間違いありません。

核時代、人口爆発的増加の時代、大規模な自然破壊の時代における人類の存在の危うさは、すべて、人間というこの不思議な動物が本来的にもっていた右の二つの側面の間にある矛盾、その矛盾が科学の発達によって過去とは比べものにならないほど大きくなったことの結果です。

また、僕たちは、みずからを、生まれながらに「人間らしい存在」であると思っていますが、おそらく、それは誤りです。僕たちは、文化、文明に守られ、両親に保護され、長い教育を受けることによって、「人間らしい存在」に「なる」のです。その意味では、僕たちは、「自然の子」であると同程度に「文化、文明の子」でもあります。そして、こうした二つの側面を切り分け、それぞれの限界を知るには、生物学から得られる知識、知見が必要です。

裸のサル —— デズモンド・モリス
原著一九六七年、邦訳角川文庫。
以下「原著」「邦訳」はそれぞれ㊉㊊に省略

攻撃 —— 悪の自然誌 —— コンラート・ローレンツ
原一九六三年、訳みすず書房

利己的な遺伝子〈増補新装版〉
㊢初版一九七六年、㊦紀伊國屋書店
リチャード・ドーキンス

ワンダフル・ライフ——バージェス頁岩《けつがん》と生物進化の物語誌
㊢一九八九年、㊦ハヤカワ文庫NF
スティーヴン・ジェイ・グールド

フルハウス 生命の全容——四割打者の絶滅と進化の逆説
㊢一九九六年、㊦同

人間の本性について
㊢一九七八年、㊦ちくま学芸文庫
E・O・ウィルソン

知の挑戦——科学的知性と文化的知性の統合
㊢一九九八年、㊦KADOKAWA

生命の未来

㊊二〇〇二年、㊋KADOKAWA

ダーク・ネイチャー——悪の博物誌

ライアル・ワトソン

㊊一九九五年、㊋筑摩書房

2

脳神経科学
――人間の認識と思考の本質を明らかにする

脳神経科学は、「人間とは、言葉をもち、認識と思考の力をもった動物にすぎない」という生物学の基本的命題を受けて、その「認識」と「思考」の本質を明らかにしようとしています。このような作業はまさにかつての哲学の中心領域の一つでしたが、哲学の言葉は、かなりの程度に不正確で大ざっぱであり、また、個々の哲学者の主観に色付けられたものでした。脳神経科学は、人間の認識、感覚、思考のプロセスを正確、精密に明らかにしつつある最初の学問であるといえ、その重要性は計り知れません。

また、脳神経科学は、人間存在の超えがたい個別性を明らかにしてもいます。僕たちの他者理解は、最も基本的なレヴェルにおいてさえ、類推によるものでしかありません。このことから、言葉によるコミュニケーションの重要性と、その限界の認識が導かれます。僕たちは、基本的には「絶対的な個別性」の中に生きているのであって、他者の理解は相当に不正確なレヴェルでしか行えないということです。

第2部でふれた、「自己を相対化・客観化して見詰める」ことの困難さも、この「他者理解の困難さ」の反映でしょう。簡単に他者を理解できるなどと考えないこと、ましてや、そんな他者の目で見た自分の客観的な姿とその限界を知るのはさらに困難であり、そのためにはまさにリベラルアーツ的な知恵の集積と訓練が要求されること、たとえばそうしたことを、脳神経科学の知見は示唆してくれます。

DNAに魂はあるか——驚異の仮説
㊖一九九四年、㊙講談社

フランシス・クリック

脳のなかの幽霊
㊊一九九八年、㊆角川文庫等

脳のなかの幽霊、ふたたび
㊊二〇〇三年、㊆同

V・S・ラマチャンドラン

脳は空より広いか――「私」という現象を考える
㊊二〇〇四年、㊆草思社

ジェラルド・M・エーデルマン

妻を帽子とまちがえた男
㊊一九九二年、㊆ハヤカワ文庫等

火星の人類学者
㊊一九九五年、㊆ハヤカワ文庫NF

オリヴァー・サックス

── 何からどのように学ぶのか？

ユーザーイリュージョン ── 意識という幻想
原 一九九一年、訳 紀伊國屋書店
トール・ノーレットランダーシュ

ミラーニューロンの発見 ──「物まね細胞」が明かす驚きの脳科学
原 二〇〇八年、訳 ハヤカワ文庫NF
マルコ・イアコボーニ

最新脳科学で読み解く脳のしくみ
原 二〇〇八年、訳 東洋経済新報社
サンドラ・アーモット゠サム・ワン

意識は傍観者である ── 脳の知られざる営み
原 二〇一一年、訳 早川書房
デイヴィッド・イーグルマン

3
精神医学関連
――仮説に基づき治療を行い人間精神を解明する

脳神経科学者の多くは、科学的な検証可能性に乏しいとの理由から、精神分析学を純粋な自然科学とは認めていません。それはやがては脳神経科学に包摂《ほうせつ》されてゆく過渡的な分野ではないかというのが彼らの意見です。

もっとも、そのことによって仮説としての精神分析学の意味自体が全面的に否定されるわけではありません。ラマチャンドランの指摘するとおり、フロイトの考え方の一部は脳の働き方のスタイルによって裏付けられるところがありますし、集合的無意識に基礎を置くユングの考え方は、たとえばウィルソンの考え方（人間の感覚や行動、衝動の生物学的・遺伝的基盤と普遍性）につながっているでしょう。

精神分析学入門 中公文庫等
自我論集 ちくま学芸文庫
エロス論集 同
―― フロイト

自我と無意識 第三文明社等
―― ユング

個人心理学講義——生きることの科学
アルテ
アルフレッド・アドラー

アドラー心理学の基礎
一光社
R・ドライカース

ベスト・フレンド——新しい自分との出会い
実業之日本社
M・ニューマン／B・ベルコビッツ／J・オーエン

いやな気分よ、さようなら——自分で学ぶ「抑うつ」克服法
増補改訂第2版、星和書店
デビッド・D・バーンズ

死と愛——実存分析入門
みすず書房
V・E・フランクル

平気で暴力をふるう脳
草思社（なお、原題の直訳は、『暴力の生物学』）
デブラ・ニーホフ

FBI心理分析官
ハヤカワ文庫NF
ロバート・K・レスラー／トム・シャットマン

FBI心理分析官2
同

4 自然科学のそのほかの分野
――世界の成り立ちを明らかにする

そのほかの分野の科学書については、物理学、天文学をはじめとして、世界の成り立ちとそれに関わる問題を取り扱っている分野の書物、また、思考の枠組みを広げたり新たな発想の糸口になったりすると思われる書物を紹介しておきます。

科学革命の構造
みすず書房

トーマス・クーン

背信の科学者たち——論文捏造《ねつぞう》はなぜ繰り返されるのか？
講談社
ウイリアム・ブロード／ニコラス・ウェイド

沈黙の春
新潮文庫
レイチェル・カーソン

奪われし未来
翔泳社
シーア・コルボーン／ダイアン・ダマノスキ／ジョン・ピーターソン・マイヤーズ

人はなぜエセ科学に騙《だま》されるのか
新潮文庫
カール・セーガン

宇宙創成
同
サイモン・シン

「相対性理論」を楽しむ本
――よくわかるアインシュタインの不思議な世界
PHP文庫
佐藤勝彦

「量子論」を楽しむ本
――ミクロの世界から宇宙まで最先端物理学が図解でわかる！
同

宇宙はわれわれの宇宙だけではなかった
同

宇宙は無数にあるのか
集英社新書

新版アインシュタインを超える――宇宙の統一理論を求めて
ジェニファー・トンプソンとの共著、講談社ブルーバックス
ミチオ・カク

超空間――平行宇宙、タイムワープ、10次元の探究
翔泳社

パラレルワールド――11次元の宇宙から超空間へ
NHK出版

愛はなぜ終わるのか――結婚・不倫・離婚の自然史
草思社
ヘレン・E・フィッシャー

カオス――新しい科学をつくる
新潮文庫
ジェイムズ・グリック

複雑系――科学革命の震源地・サンタフェ研究所の天才たち
新潮文庫
M・ミッチェル・ワールドロップ

5 まとめ

それでは、これまでに挙げてきた自然科学系の書物が明らかにしてくれた人間や世界認識の方法、あり方について、以上の記述を踏まえて、まとめておきましょう。

まず第一に、「人間の動物との連続性」、「動物としての部分」を自覚し、視野に入れておく必要があります。人間は、言葉をもち、認識と思考の力をもった動物にすぎません。しかし、人間が、そうした新たな能力によって、自己の有限性、存在被拘束性を知るのみならず、非常に短い期間に高度な文明をもつことさえ可能になった、不思議な動物であることもまた間違いありません。

生物学や脳神経科学は、そのような人間のあり方の生物学的基盤を、種々の側面から明らかにしています。フェミニズムやジェンダーの主張には社会的正当性があると思いますが、こうした考え方を含め、社会・人文科学の主張には、えてして、人間の生物学的基盤や動物としての限界をみない「存在」と「当為《とうい》」の混同、つまり、あるべき人間の姿、理想ばかりをみて現実の人間存在、その限界を考慮に入れない欠点がみられると思います。たとえば、法学や経済学が念頭に置いているのは、「常に物事を客観的にとらえて理性的、合理的にふるまう近代人」だと思いますが、現実の人間はそういうものではない。だから、理性的な人間なら起こすはずのないような種類の法的紛争や犯罪が起こり、経済予測はしばしば外れるわけです。文科系思考のイデオロギー的限界ということですね。

こうした問題については、もちろん社会学等の分析的社会科学も気付いてはいたのですが、現代の自然科学は、はるかに正確かつ緻密に、人間存在を規定する諸条件を明らかにしつつあると思います。僕たちがそこから学びうることは多いでしょう。

生物としての拘束のもう一つの側面は、僕たちの存在の個別性です。脳神経科学者たちが明らかにしたように、僕たちの他者理解、了解は、クオリアという最も基本的なレヴェルにおいてさえ、類推によるものでしかありません。「頭が痛い、おなかが痛い」と誰かが言うとき、その痛みが、僕たちが感じるそれと同じであるかどうか、本当のところはわからないのです。ましてや、人間の考えていること（再帰的な思考）が、そんなに簡単に他者に伝わるわけはありません。個人間にかなりの程度に高度なコミュニケーションが成立しているのは、本来であれば考えられない幸運な事態なのであり、言語を手に入れたことによって人間が偶然にも手に入れた恩寵《おんちょう》なのです。

実際、ビジネスの世界におけるそれをも含め、大半の社会的・経済的・政治的紛争は、コミュニケーションの成立を安易に想定することから生じます。僕たちは、「他者の存在の知りがたさ、測りがたさ」をもっと身にしみて認識する必要があるのではないでしょうか。

人間は、みずからを、生まれながらに「人間らしい存在」であると思っていますが、おそらく、それは誤りです。僕たちは、文化、文明に守られ、両親に保護され、長い教育を受けることによって、「人間らしい存在」に「なる」のです。その意味では、僕たちは、「自然の子」であると同程度に「文化、文明の子」でもあります。

これを逆にいえば、僕たちは、みずからの存在がどれほど強く、文化、文明によって色付けされ、規定されているかをも認識しておくべきだということです。海外の人々と仕事をするときには、このことは非常に重要です。そして、こうした二つの側面を切り分け、それぞれの限界を知るには、生物学等から得られる知識、知見が必要です。

以上のような事柄を知ることによって、僕たちは、みずからの理性の限界を知り、他者に対する共感の能力を高め、むき出しのエゴイズムを抑えること、物事をより理性的、客観的にとらえる視点を身につけること、人間の作った制度にひそみうる自己正当化機能や悪の可能性を認識しながらそれを運営あるいは監視すること、などがよりうまくできるようになるはずです。

一方、物理学、天文学等の学問は、この世界、物理学の言葉でいえば「時空」の成り立ちと起源を明らかにしつつあります。複雑系科学のように世界認識の新たな方法を見出した学問もあります。

これはすばらしいことです。人間の特性は、イエス・キリストの言葉にもあるとおり、「人は、パンのみにて生きるものにあらず」というところにあります。イエスの言葉の趣旨はもちろん宗教的なものですが、この言葉は、より一般的な広がりをもっています。物質的なものにのみ満足せず、世界の成り立ちを知りたい、自分が生まれ、生きてきたことに何らかの統一的な意味を見出したいと願うのが、昔からの人間の本性だからです。ギリシア時代以来の哲学は、長い間、その答えを探し求めてきました。

最新の宇宙論が教えるところによれば、僕たちの宇宙は、ほんのわずかな量子的揺らぎから生まれました。奇跡は無数にあるとしても、この宇宙が「ある」ということ以上の奇跡は、そこに住む僕たちにとってはありえないでしょう。

また、宇宙は無数に存在し、その中には僕たちの宇宙ときわめて近い宇宙も存在しうるということです。そうであれば、人間存在は、ある意味では、有限ではなく、孤立した存在でもないのです。人間と同様あるいはそれを上回る能力をもった知的生命体は無数に存在する、そういうことになるわけですから。

僕が、リベラルアーツの筆頭に自然科学をもってきたことの意味がおわかりいただけたでしょうか？　現代の自然科学は、僕たちの、「知」の最も大きくかつ基本的な枠組みを設定する学問なのです。

第2章

社会・人文科学、思想、批評、ノンフィクション

――批評的・構造的に物事をとらえる方法を学ぶ

2 Section

この項目には、自然科学と芸術の間に位置する領域の書物を広く収めました。その共通点は、批評的・構造的なものの見方、物事のとらえ方によって新たな発想・認識・思考方法の枠組みを開いたという点にあり、そうした力をもっている本を選択したということです。大学等における狭い意味での学問の垣根を無視して、狭義の社会・人文科学のみならず、思想、批評、ノンフィクションまでを広く含めた選択を行い、また、個々の書物を選ぶ場合にも、なるべく、経験主義的な観点からなされる世界観の組み立てや発想に有益なものを幅広く選んでいることは、すでに第3部の冒頭に記したとおりです。

社会・人文科学には、自然科学のような厳密さはなく、仮説という意味合いがより強く、また、その実験による検証にも限界があります。しかし、社会や人間集団という大きくかつ複雑な構造物を自然科学の厳密さで研究することは無理であり、それらについての一定の根拠ある枠組みを示し、批評的・構造的な把握、解明を行うことを目的とする社会・人文科学には、十分な固有の存在価値・意義があるのです。

社会・人文科学の領域でも、実は、広い範囲の人々に読まれ、古典として残るような書物は、狭い学問領域を超えた新しさ、斬新な発想をもっており、いわゆる「学際」的な傾向が強く、レトリックをはじめとした文章術にもすぐれていよす。また、世界、社会に対する「構造的な批評」、つまり、「相当の根拠や基盤をもつある視点によって切り取られた世界や社会の姿を示すもの」、そういう性格をもった、その意味で思想書としてもすぐれたものが多いのです。

また、ノンフィクションについても、やはり、後世に残るような書物は、ただ事実を報告するだけではなく、事実に関する新しい見方、批評的な視点をも同時にもたらしている場合が多いといえます。

したがって、「批評的・構造的なものの見方、物事のとらえ方」、「構造的な批評」という共通要素を軸に、社会・人文科学からノンフィクションに至る広い領域をボーダーレス、ジャンルレスの発想でくることには、一定の正当性があると思います。

この総論で古典を一つだけ取り上げておきます。**『新約聖書』**です。

聖書は欧米のあらゆる思想や芸術の基盤、基準点になっていますが、『旧約聖書』は、日本人にとっては、読みやすいものではありません。それに対し、『新約聖書』のほうは、第2部でもふれたとおり、まさに時代を超えて色あせない古典であり、常に現代の視点で読むことのできる、知恵に満ちた深い書物だと思います。その中核である四福音書だけは、一度は通して読んでみることをお勧めします。

日本で今日よく使われているのは『聖書新共同訳』〔日本聖書協会〕だと思いますが、岩波文庫等にも『新約聖書福音書』等一部の翻訳がありますし、『新約聖書』については、学者の翻訳にかかる『新約聖書』〔新約聖書翻訳委員会訳、岩波書店〕も出ています。

1 哲学――考えるための技術、方法

哲学は、最も基本的な学問、学問の王などといわれてきましたが、すでに述べたとおり、今では、自然科学にその重要な領域の多くを侵食されています。たとえば、時間・空間論は、今ではもはや物理学の領域ですし、人間という対象も、生物学、脳神経科学、人類学等によって、より科学的、客観的に探究されるようになってきています。人間の認識のあり方について考える認識論についても、やがては脳神経科学等の領域と結び付き、そこに取り込まれてゆく可能性が高いでしょう。

それにもかかわらず哲学というジャンルが生き残っており、また、同時代の海外哲学書もかなり紹介され、読まれているのは、考えるための技術、思考の枠組み、すなわちパースペクティヴやヴィジョンを形成するための技術という側面において価値があり、読み物としても一定程度興味深いからでしょう。哲学については、比較的読みやすいものをごく一部だけ挙げておきます。

現代思想を読む事典
講談社現代新書
今村仁司《ひとし》編

新版 哲学・論理用語辞典〈新装版〉
三一書房
思想の科学研究会編

西洋哲学史
みすず書房
バートランド・ラッセル

マキャヴェリ

君主論

中公文庫BIBLIO等

鶴見俊輔

鶴見俊輔集

『鶴見俊輔集1 アメリカ哲学』、『同4 転向研究』、『同6 限界芸術論』等を含む

筑摩書房

2

社会・人文科学、思想

――物事を構造的に大きく把握する視点

この章の冒頭でもふれたとおり、社会・人文科学については、その内容が自然科学の場合のように正確な実験によって論証されているわけではなく、その意味では、正当性に限界がつきまといます。科学史学者であるトーマス・クーンが、社会科学の分野では厳密なパラダイムというものができているかどうかさえまだ疑問であるといい、生物学者であるE・O・ウィルソンが、社会科学にはタームの共通性がなく、基盤としている知見の根拠も薄弱であるというのも、一理あると思います。

ただ、それでは社会・人文科学に何の意味もないかといえば、そうはいえない。ことに国家、社会とか総体としての人間のあり方などというものは、非常に複雑ですから、自然科学の厳密さをもってそれを研究することは不可能なのであり、自然科学とはやや異なった、個々の対象を離れて物事の全体を大きく、かつ構造的に明らかにする視点が必要になるのです。

社会・人文科学の分析には、あくまで仮説という意味合いが強いのですが、しかし、仮説であるからといってそれが機能しないわけではありません。たとえば法や経済は明らかに社会を動かしてゆく大きなモメント、動因なのであり、そうした事柄を体系的、構造的に把握し、あるいはそれを適切に操作するための学問が必要とされることも間違いありません。たとえば第1章でふれた精神医学関連の書物の場合と同様、大まかな枠組みであってもそれなりに機能するものだということです。

自然科学者がこうした対象について論じると、しばしば底の浅い一般論や理想論になりがちなことからも、社会・人文科学が、自然科学の方法から多くを学び取りながらも、独自の方向と必然性をもって発展してきたことは明らかです。

なお、「社会・人文科学書」と、科学とは言葉の上では区別される「思想書」の境界はきわめてあいまいです。「思想」については「哲学」のほうにくっつけるやり方もありますが、この章で、より広くいえば本書で取り上げる書物の多くが「思想」の要素を含んでいることから、本書では、狭義の「哲学」ではなく、より広い「社会・人文科学」と「思想」とを一つにくくることにしました。

菊と刀——日本文化の型
ルース・ベネディクト
講談社学術文庫等

内なる外国——「菊と刀」再考
C・ダグラス・ラミス
時事通信社等

イデオロギーとしての英会話
晶文社

タテ社会の人間関係
講談社現代新書
中根千枝

文明の生態史観
中公文庫等
梅棹忠夫

現代日本の思想――その五つの渦
岩波新書
久野収／鶴見俊輔

戦後日本の思想
岩波現代文庫等
久野収／鶴見俊輔／藤田省三

日本の思想
岩波新書
丸山真男

日本人の法意識 岩波新書 —— 川島武宜《たけよし》

「空気」の研究 文春文庫等 —— 山本七平

一下級将校の見た帝国陸軍 同

日本人とユダヤ人 角川文庫等 —— イザヤ・ベンダサン

日本／権力構造の謎 ハヤカワ文庫ＮＦ等 —— カレル・ヴァン・ウォルフレン

プロテスタンティズムの倫理と資本主義の精神
岩波文庫等
マックス・ヴェーバー

イデオロギーとユートピア
未來社等
カール・マンハイム

一般言語学講義
岩波書店
フェルディナン・ド・ソシュール

ソシュールの思想
岩波書店

ソシュールを読む
講談社学術文庫等
丸山圭三郎

零度のエクリチュール 新版
みすず書房等
ロラン・バルト

カフカ――マイナー文学のために
法政大学出版局

アンチ・オイディプス――資本主義と分裂症
河出文庫等

千のプラトー――資本主義と分裂症
同
ジル・ドゥルーズ／フェリックス・ガタリ

〈子供〉の誕生――アンシァン・レジーム期の子供と家族生活
みすず書房
フィリップ・アリエス

オカルティズム・魔術・文化流行
未來社
ミルチア・エリアーデ

知識人とは何か
平凡社ライブラリー
エドワード・W・サイード

3 批評
——定点としてとった視点からの対象の客観的理解・分析

「2 社会・人文科学、思想」で挙げた書物の何冊かは、社会・人文科学、思想と批評の接点にあります。このように、本当の意味での批評は、学問、思想とボーダーレスのジャンルであり、芸術の趣味的な品定めではありません。

ここでは、芸術批評に限定して、各分野についていくつかの書物を紹介します。芸術批評は批評の基本であり、批評的、構造的に物事を把握する方法や技術を学ぶという意味できわめて有益なジャンルだからです。専門性の高いものは適切ではないと思うので、それらは避け、かつ、個々の芸術作品を鑑賞する際の参考になるという観点をも加味して、選んでゆきたいと思います。

小説の諸相 ＝＝ E・M・フォースター
邦訳はみすず書房等、ダヴィッド社のものはタイトル『新訳 小説とは何か』

小説の方法 ＝＝ 伊藤整
岩波文庫等

小説の認識 ＝＝
同

文学とは何か——現代批評理論への招待 —— テリー・イーグルトン
岩波文庫等

創作の極意と掟　講談社
——筒井康隆

小説講座　売れる作家の全技術
——デビューだけで満足してはいけない　KADOKAWA
——大沢在昌《ありまさ》

現代日本映画　評論社
——佐藤忠男

現代世界映画　同

現代アメリカ映画　同

日本映画
第三文明社

ヨーロッパ映画
同

アメリカ映画
同

アジア映画
同

日本映画の巨匠たち
学陽書房　全三冊

小津安二郎の美学――映画のなかの日本
現代教養文庫等
ドナルド・リチー

増補 黒澤明の映画
同

ミステリー・トレイン――ロック音楽にみるアメリカ像
第三文明社等
グリール・マーカス

サウンドの力――若者・余暇・ロックの政治学
晶文社
サイモン・フリス

モーツァルトは誰だったのか
白水社
ヴォルフガング・ヒルデスハイマー

モーツァルト
同

フルトヴェングラー 音と言葉(新装版)
白水社等
ヴィルヘルム・フルトヴェングラー

音楽を語る
河出文庫

4 ノンフィクション
——世界、人間の多様性と共通性

ここでは、ノンフィクションを書物のジャンルとしてのノンフィクションよりは広く、社会・人文科学、思想、批評と芸術の領域の間に位置する領域としてとらえます。事実、データを記しかつそれに関する分析を行っている書物ということであり、その分析が批評的、構造的にすぐれているほどリベラルアーツとしての価値、学ぶ価値や利用価値が高いというのが僕の考えです。

アメリカのさまざまな側面を明らかにする各種の探究

ノンフィクションについては、その方法が最もよく機能していると思われる二つのジャンルから拾ってみたいと思います。

一つは「アメリカ」です。「アメリカ」のほかの国家との大きな違いは、その多様性でしょう。さまざまな領域において、しばしば、相反《あいはん》する二つのアメリカ像があり、しかも、そのいずれもが誤っているとはいいにくい。そういう国は、僕が知っている限りではほかにあまりないという気がします。契約により成り立った人工的な国家であり、国としての力が強大で、しかも途方もなく広い。そうしたアメリカを「知る」には、いわゆる厳密な学問的分析だけでは到底不十分です。

学問的、専門家的アプローチは、アメリカのある特定の限られた側面、それもしばしば非常に限られた側面しか扱えないし、また、これはある国のあり方について書く場合には常にいえることですが、国といった、大きくかつあいまいな対象について論じる場合には、顕微鏡で覗くような学問の方法では、対象の正確なイメージがなかなかとらえられないのです。多数の人がゴジラやマンモスのわずかな一部ずつを詳細に検討して作成した報告書を合わせても、それらの正確なイメージが形成されるかは疑問であり、それと同じことがいえると思います。

これは、社会・人文科学におけるいわゆる「厳密な専門家的アプローチ」で起こりやすい問題です。ここで取り上げる本には学者によって書かれたものもありますが、それらも、そうした狭いアプローチ、研究室的なアプローチは取っていません。

ことに、アメリカのように多様性の大きい国家については、ノンフィクションによって写し取られたさまざまなイメージや考察を重ねてゆくほうが、より正確な理解を得やすいと思います。

戦中、戦後の時代を映した自伝、伝記、評伝

ノンフィクションの二つ目のジャンルとして、自伝、伝記、評伝も、他人の生き方からその方法や発想を学ぶという意味で、リベラルアーツの重要な一領域といえます。

ことに、本書がとっている経験主義の立場からは、ある特定の人間の生き方やあり方はどのようなものであり、そこから、積極的な意味でも、消極的な意味でも（つまり、反面教師としても）僕たちが学ぶことができるものを汲み取るという意味、そのようなケーススタディーという意味で、自伝、伝記、評伝は、非常に重要です。

また、ここでも、批評的、構造的に書かれているものほどリベラルアーツとしての価値が高いといえます。平板に事実を記しただけのもの、ほめるだけのサクセスストーリー、最初から読者に特定の「感動」を与えることを意図して書かれたものには、そのような価値はありません。

なお、こうした違いは、どの分野の書物や作品に接する場合でも、押さえておくとよいと思います。大体において、自己満足的なもの、読者や鑑賞者に自己満足を与えることを意図している（読者や鑑賞者に媚《こ》びる）もの、型通りのエンタテインメントだけを目的としているものには、リベラルアーツとしての価値はほとんどありません。

以上のような意味では、自伝でも伝記でも、「評伝」的な要素が強いもの、つまり、その人の生き方に対する批評的な視点が入っているものは、リベラルアーツとしての価値が高いといえるでしょう。そうした評伝を多数読んでゆくと、その積み重なりの中から、人間、またその生きた時代がありありと浮かび上がってくるはずです。

前記のとおり、書物は、「アメリカ」と「広い意味での伝記」という二つのジャンルから選んでいます。『アウシュヴィッツは終わらない』以降が「広い意味での伝記」です。

帝国以後 ―― アメリカ・システムの崩壊
藤原書店
エマニュエル・トッド

アメリカ帝国への報復
集英社
チャルマーズ・ジョンソン

世界を不幸にしたグローバリズムの正体
徳間書店
ジョセフ・E・スティグリッツ

メディア・コントロール ―― 正義なき民主主義と国際社会
集英社新書
ノーム・チョムスキー

容赦なき戦争 ―― 太平洋戦争における人種差別
平凡社ライブラリー
ジョン・W・ダワー

黙殺――ポツダム宣言の真実と日本の運命
NHKブックス
仲晃《あきら》

日米同盟半世紀――安保と密約
朝日新聞社
外岡秀俊／本田優／三浦俊章

金で買えるアメリカ民主主義
角川文庫等
グレッグ・パラスト

ルポ 貧困大国アメリカ
岩波新書
アメリカから〈自由〉が消える
扶桑社新書
堤未果

大統領たちが恐れた男――FBI長官フーヴァーの秘密の生涯
新潮文庫
アンソニー・サマーズ

FBIフーバー長官の呪い
文春文庫
マルク・デュガン

ウォルマート――世界最強流通業の光と影
日経BP社
ボブ・オルテガ

超・格差社会アメリカの真実
文春文庫等
小林由美

ブレザレン――アメリカ最高裁の男たち
TBSブリタニカ
ボブ・ウッドワード／スコット・アームストロング

アウシュヴィッツは終わらない――あるイタリア人生存者の考察　朝日選書
休戦　岩波文庫
溺《おぼ》れるものと救われるもの　朝日選書等
＝プリーモ・レーヴィ

アンネの日記　増補新訂版　文春文庫等
＝アンネ・フランク

ショスタコーヴィチの証言　中公文庫等
＝S・ヴォルコフ編

眠れない時代
ちくま文庫等
リリアン・ヘルマン

絶望の精神史
講談社文芸文庫等
金子光晴

冷血
新潮文庫
トルーマン・カポーティ

心臓を貫かれて
文春文庫等
マイケル・ギルモア

くたばれ! ハリウッド
文春文庫
ロバート・エヴァンズ

ベトナムの少女――世界で最も有名な戦争写真が導いた運命

文春文庫

デニス・チョン

5 まとめ

第2章では、哲学をはじめとする社会・人文科学から思想、批評、ノンフィクションにまで至る非常に広い分野を、ボーダーレスかつ鳥瞰的に取り上げました。

第2章で取り上げた領域はきわめて広く、個々の書物の内容やその価値観、世界観も千差万別なので、そこからまとまった一つの見解をくくり出すことはできませんが、社会・人文科学の領域でも、学者たちの狭いテリトリーを超えた書物、その意味で思想、批評やノンフィクションの領域ともつながってゆく本が、古典としても残るし、そこから発想や方法を学ぶという意味でも重要であることを、理解していただけたのではないかと思います。

また、ノンフィクションについても、単なる事実の報告にとどまらず、「世界をとらえる一つの視点、見方」を示したものからは得られるものがより大きいことが、おわかりになったのではないでしょうか。

これらの幅広い分野の書物を横断的なつながりの中で読んでゆくことを通じて、「批評的・構造的なものの見方、物事のとらえ方」を養っていただければと思います。

第3章
芸術
——物事や美に関する深い洞察力を身につける

3
Section

対話と学びの姿勢で横断的に接する

この項目では、芸術全般、すなわち、文学、映画、音楽、漫画、そして、広い意味での美術を取り上げます。

芸術についても、ボーダーレス、ジャンルレスの発想で個々の作品を楽しむとともに、「対話と学びの姿勢」で接してゆくことが大切です。その時楽しめればそれでよいという「消費の発想」では、個々の作品は、受け手に心を開いてはくれません。友人関係を消費の発想で考える人はいないと思いますが、芸術は人の創作物であり、作者の思考や感情の精髄が結晶したものなのですから、人間に接するのと同じような注意深い姿勢で接することが大切であり、必要でもあります。

また、個々の作者の位置付け、そして、その作品歴中での個々の作品の位置付けを考えるのが有用なことも、第2章までの場合と同様です。

芸術に関してよくみられる受容の仕方は、ある特定のジャンルだけマニアックに追求するというもので、凝り性の日本人やイギリス人にはこの傾向が強い。しかし、特定の狭いジャンルだけ追っていると、全体がみえなくなり、趣味的な収集の方向に走りがちです。

こうしたやり方にも、骨董品《こっとうひん》を集めるのと同じような独特の楽しみはあるのですが、「リベラルアーツとしての芸術から学ぶ」という観点からは、視野を広く取って横断的に受容してゆくほうがベターです。ジャンルを相互に比較し、その類似点と異なる点とに注目することによって新たな発見をすることも多く、方法や発想を学ぶにはこれが非常に有益です。

芸術の、リベラルアーツとしての深さ、強度、広がり

芸術は、個々の作者や作品の個性が強いので、第2章の領域で取り上げた書物以上に千差万別です。

しかし、それらに共通する芸術のリベラルアーツとしての強みというものはあって、それは、その深さと強度、そして広がりだと思います。

深さと強度というのは、与える情報や感覚、また、それがもたらす印象が深い、強いということです。鮮烈なヴィジョンをもっているといってもいいでしょう。一つの書物や作品がある人の人生観や価値観を変えてしまうといったことは、ほかの分野の書物でもありえますが、やはり、最も多いのは芸術の場合ではないでしょうか。そのような作品は、その人にとっては、計り知れない影響を及ぼし、価値をもたらすことになります。

広がりというのは、パースペクティヴのスケールが大きいということです。ドストエフスキーやトルストイの長編が典型的ですが、作品それ自体が一つの小宇宙を構成しています。そうした作品は、作家、文章家としての天分だけでは絶対に書けないわけで、思想家や批評家としての才能、場合によっては学者としての才能も必要です。

ただ、彼らは、思想書、批評、学問的著作を書くスキルや機会がなく、そのルールも知らないというだけのことであって、才能は確実にもっていると思います。だから、彼らの作品は、それ自体、一級の思想書、時代と社会に対する批評・学問的分析という側面をももっているわけです。これは、リベラルアーツとしては非常に大きなメリットです（もちろん、思想や批評としては見当違いの部分もありますが、それが大きなキズにまではなっていません）。

すぐれた芸術には、ジャンルを問わず、以上のようなスケール感、パースペクティヴとヴィジョンがあります。もちろん、それらを汲み取るには受け手の側の受容の力、解釈の力も必要ですが、これは、個々の作品に真摯に向き合うことによってしか伸ばすことはできません。

芸術は世界標準の知的財産、常識

また、リベラルアーツとしての芸術の特質には、それが、日本でも、海外でも、共通の常識、共通の知的財産になっている度合いがほかの分野に比べてかなり大きいということもあります。

したがって、芸術に関する一定の知識や理解があることはコミュニケーションの前提になります。日本でも、「今の若い人はこんなことも知らない」と上司や取引先等の外部の先輩に嘆息されることが最も多いのはこの分野だと思いますし、海外の場合には、「こんなことも知らないようではほかの側面でも常識や良識を欠くのではないか?」、「エコノミックアニマルの仕事馬鹿なのではないか?」、「海外でも知られている日本文学や映画の最低限の知識すらない程度の人なのか?」、そして最後に、これが一番まずいことですが、「そういう人、また、そういう人が代表している企業、団体であるとするなら、交渉や付き合いにも注意しなければならない」あるいは「付き合いは今回限りにしよう」などといったことにもなりかねません。このことは、本当に注意しておいたほうがよいと思います。

逆に、そうした知識や感覚があると、海外の人々とのコミュニケーションは非常に容易になります。僕の語学は、客員研究員としてはごく平均的なレヴェルだったと思いますが、それでも、アメリカでは、友人はかなりの数できましたし、パーティーでの会話につまったりすることもありませんでした。また、「おまえはたいていのアメリカ人よりアメリカ文化に詳しい。面白いやつだ。考え方も欧米標準で通じやすいし、一方では、日本人独特の謙虚なフレンドリーさもある」といったことは、時々言われました。そういうことで自然に友人関係が広がる、その意味では、留学期間はむしろ非常に解放感があったことを記憶しています。

なお、裁判官時代には、前半はそうでもなかったのですが、後半の一五年間は、リベラルアーツの蓄積など、煙たがられ、排斥される種になるだけという状況でした。先の戦争に突入していった時期の日本を考えるとよくわかることですが、大体において、自由主義者が排斥されるようになったら、その社会や組織は末期的症状にあるといってよく、残念ながら、日本の裁判所はまさにそういう状況に入りつつあるような気がします。

また、その意味では、現在の日本の政治、社会の状況も、黄信号が点滅し始めているように感じられることがあります。ことにこれからの日本の中核となってゆく若手・中堅世代の人々には、このことはよく考えていただきたいと思います。

先行のものをよく知っていないといい仕事はできない

芸術の話に戻ります。

一般的にいっても、古典的芸術は、学問以上に発想の根、発想の泉になっている部分があり、それについて知っているか、深く理解しているかが、その人の発想の強さやオリジナリティーを左右することも多いのです。

人間の発想、アイディア、より広くいえば考えなどというものは、根のところでは、第1章の自然科学の部分で論じたような人間の動物としてのあり方や認識、思考のあり方に規定されていますから、大体において似てきます。つまり、誰かがいったこと、表現したことの形を変えての語り直し、やり直し、まとめ直しという側面が強い。「あらゆる意見はすでに語られた事柄の語り直しである」ということです。

そうすると、いかにうまく語り直すか、つまり、いかにうまく新たな情報を加えるか、あるいは語りのフォームを変えるか、といったことが重要になってきます。その際に、過去の蓄積を知らないでやると、大変みっともないことになりやすい。「それは誰それが以前にずっとうまくやっていることではないか？」という厳しい指摘を浴びることになるからです。

第1部で「タコツボ型社会」について論じたところに記した「僕も、自分より一回り若い世代のライターが、僕の世代より上の世代であれば当然の前提としてもっているような認識を、あたかも自分が発見したかのように得々と書き記しているのをみて驚かされたことが、何度かあります。ことに、海外生活が長かった人には、こうしたことがありがちです」という記述は、こうした事態の一つを表現したものです。

近年の日本の芸術や著作、ことに若い人々のそれについて、「過去の蓄積を知らないために、以前に行われたことをまた最初からやり直している」、「目の前のものを模倣するが、その目の前のものがどのような流れの中にあるかを理解しないままそれをやるので、大変弱いものになっている」などといった評価がされることが多いのも、その一例です。

たとえば、僕のよく知っているジャンルであるロックだと、「ザ・ヴェルヴェット・アンダーグラウンド（アメリカにおける前衛派ロックの出発点となったグループ）の流れを汲むAのフォロワーであるBのメンバーだったCのソロを模倣したDから影響を受けたらしいE」といった、たとえばそういったアーティストが出てくる時代になったわけですが、このEが、Dだけを聴いていてAからCは知らないなどといったことになると、一定の才能があっても、どんなにがんばっても、「実際は

A、B、Cの模倣なのに、模倣であることすら意識していない」という最低の評価を受けることになりかねません。

知っていて意識的に先行のものを利用する広義のオマージュ、パロディー、引用は芸術の立派な一方法であり、ジェイムズ・ジョイスの『ユリシーズ』などは全編がこれですが、この方法は、対象を知り尽くしてそれを完全に自分のものにしていないと成功しません。知らないでただ模倣した結果になっているのは最悪です。

以上のような意味でも、過去の叡智《えいち》の結晶である芸術に最低限ふれておく、知っておくことは非常に重要なのです。

楽しみながら内面を豊かにできるリベラルアーツ

最後に、リベラルアーツとしての芸術のもう一つのメリットは、これは受容、解釈という側面においてですが、楽しめる、それによって受容した側の内面もまた豊かになるという点でしょう。楽しみながら受け手の人間としての厚みも増すことができるという点は、芸術の、きわめて大きなメリットといえます。

僕自身は、芸術に、暇つぶし、消費という意味での「娯楽」は求めませんが、それが提供するある種のポップ感覚やレトリックについては、重視していますし、それを十分に楽しみながら受容しています。皮肉やからかいの名手であるドストエフスキー、映画『アマデウス』〔ミロス・フォアマン監督〕にみられるような反逆者的な一面をもっていたモーツァルトはもちろん、一見生真面目《きまじめ》にみえるトルストイ、ベートーヴェン、ミケランジェロらの芸術にだって、そういう要素はあります。

学者の書物の一般的な欠点は、文章におけるこうした要素の重要性を理解していないことから生じます。日本の学者に比較的多い欠点です。それに対し、たとえば、第1章の自然科学の部分で取り上げた海外の学者たちの多くは、芸術にも造詣《ぞうけい》が深く、文章も大変うまい。こうしたところにも、基盤となっているリベラルアーツの厚みの違いが反映しているのです。

このように、学者の書物でさえ、芸術面での教養や感覚があるか否かは、専門書でも学際的、先進的なものはそうですが、ことに一般書では、非常に大きな差になって出てきます。どこが、というと正確に指摘するのはなかなか難しいような差なのですが、文章の美しさ、リズム、比喩の適切さや効果、たとえばそうした部分に、歴然とした差が現れます。そして、社会に広い影響力を与えうるか、また、長く後世に残ってゆくものになるか、という側面では、この相違は意外に大きなポイントになりうるのです。

象牙の塔ともいわれる学問の世界においてさえそうなのですから、実社会でも、芸術から学んだ感覚や発想を仕事や交遊に生かすことのできる機会は、多いはずだと思います。

僕自身、各種の芸術からいろいろな発想の技術や方法を学び、それを、自分の三つの仕事、ことに学者とライターとしてのそれに生かしてきた経験をもつことから、また、リベラルアーツの一環に芸術までをも含めて解説、解読する書物は今後も少ないと思われることから、本書のオリジナル版では、やや多めの頁を芸術にさいています。

1 文学 ―― アクチュアルな状況や時代との切実な接触の感覚

リベラルアーツとしての文学

文学のリベラルアーツとしての価値については、すでに、芸術の項目の冒頭でふれましたし、それを否定する人もあまりいないと思いますが、反面、その「権威」に負けて、構えて読んでしまう人も多いようです。

第2部で、『まことに残念ですが…――不朽の名作への「不採用通知」160選』という書物に関連してふれたとおり、大作家たちも、最初は一人の無名の新人だったのであり、また、生前には、ごく一部の目が高い人々にだけ評価される「知る人ぞ知る作家」であった場合も多いのです。

文学というのは、基本的には、一人の無名の弱い人間である著者の、アクチュアルな（実際の、本当の）状況や時代とのひりひりとした接触によって生まれるものだと思います。そのことは、歴史上の大作家の場合でも、現代の新人作家の場合でも、何ら変わりありません。

そして、僕は、現代の文学、ことに現代の日本文学に欠けているのは、この、「アクチュアルな状況や時代とのひりひりとした接触の感覚」ではないかと思います。それに比べれば、文学的な技巧、仕掛けや細工などは、小さな事柄ではないでしょうか。

たとえば、タイの若手であるラッタウット・ラープチャルーンサップの短編集『観光』〔ハヤカワepi文庫〕を読むと、そんな「接触の感覚」が、痛いほどに切々と伝わってきます。タイの人々には、アメリカ人は、カンボジア難民は、あるいは僕たち日本人は、どのようにみえているか、たとえばそんなことが、本当によくわかります。

ことに、同書の冒頭の作品である「ガイジン」のラストシーン、アメリカ人との混血児で今は母親と二人暮らしをしている主人公の少年が、自分の飼っているクリント・イーストウッドという名の豚、米軍の軍曹であった父からもらった豚を助けるために、友だちと一緒に、宵闇《よいやみ》の中、マンゴーの木の上から、海岸で豚を追っているアメリカ人たち、彼が好きになった女性をも含むアメリカ人たちにマンゴーの実を投げ付ける「ガイジン」のラストシーンには、感嘆しました。

「泳げ、クリント、泳げ」

という最後の一行も、見事にきいています。

物事と状況を深くかつ虚心に見詰める人間でなければ、こういう設定は、とても考え付けません。現在の日本にこういう作家が生まれてこないのは残念です。

「リベラルアーツとしての文学」とは、たとえばそういうものではないかと思うのです。

2 映画
——強靭な知性と洗練されたポップ感覚の融合

リベラルアーツとしての映画

僕がみるところの、映画のリベラルアーツとしての大きな特徴は、ロック、漫画と並んで、その洗練されたポップ感覚であるかもしれません。芸術の項目の最初に書いたとおり、僕は、芸術に、暇つぶし、消費という意味での「娯楽、エンタテインメント」は求めませんが、それが提供するある種のポップ感覚や鋭利なレトリック、技巧については、重視していますし、それを十分に楽しみながら受容しています。芸術性の高い監督、たとえばロベール・ブレッソンのような厳しいスタイルの監督にさえ、そういうものはあります。

映像というものは本質的に言語よりも官能的、エロティックです。また、そのつなぎ方、編集が生み出すリズムは音楽的であり、セリフで進行するという意味では戯曲を舞台から解放したものともいえます。多くの場合には音楽が流れ、美術的な要素も強いですね。

映画は、以上のような意味でまさに総合芸術であり、また、これは映画製作の実際を知るとよくわかるのですが、ありとあらゆる細かな約束事で構成された、徹底的な虚構の世界です。芸術というのは要するに虚構であり、虚構によって真実を描くものですから、映画は、最後に生まれてきたところの、最も手の込んだ、洗練された総合芸術とみることができるでしょう。

反面、第2部の終わりのほうの「コレクション」の部分でふれたとおり、製作、配給に莫大なお金がかかり、したがってどうしても多数の観客を集めなければならないという商業上の制約、そして、多数のスタッフのインスピレーションが一つの方向に結集しないとよいものはできないというチームワークの制約がありますから、すぐれた作品を作るのが非常に難しい芸術の領域でもあります。かなり質の高い映画でも、ほとんどは、「まずまず」というレヴェルで終わります。僕は、映画史上本当の傑作といえるような作品は二〇〇から三〇〇、それに準じる相当の秀作も含めて五〇〇から七〇〇というところではないかと思っています。

以上を踏まえ、リベラルアーツとして映画を見る場合には、ただ、「面白いもの」、「スリリングなもの」、「見終わったときに心地よくさせてくれるもの」といった基準だけで選ぶのではなく、この映画は自分に何を与えてくれるのか（たとえば、経験したことのないような人間の複雑な感情、人間の善と悪それぞれの深さとその裏側、洗練された一つの幻想世界、など）という観点をも加えると、選択の範囲も広まり、映画を見る目も変わってくると思います。

広義のエンタテインメントの要素なくして成り立たないのがアメリカ映画ですが、そのアメリカ映画にも、広い視野、深いヴィジョンとすぐれたポップ感覚を両立させたすぐれた映画は数多くあります。ことに、人間のダークサイドを描くと、アメリカ映画は強いですね。

二つの例を挙げてみましょう。

一つは、『地獄の黙示録』〔フランシス・フォード・コッポラ監督〕です。すべてのシーン、シークエンスが徹底的に考え抜かれていて完成度が高く、「エピソードの羅列」という、映画としては成功しにくいストーリー、プロットの形を用いているにもかかわらず、どんどん盛り上げてゆきます。ベトナム戦争を素材に、深さとポップ感覚を見事に融合し、狂気さえにじませた傑作です。

もう一つは、アメリカ映画史上有数の才人コーエン兄弟による『ミラーズ・クロッシング』です。主人公は、ただただ殴られているだけなのに、にもかかわらずすごくかっこよく、強烈な苦みのあるハードボイルドとして成り立っているという、いかにも彼らしい、ひねりのきいた作品です。

この映画は、ファーストシーンもすばらしい。八百長ボクシングの情報をノミ屋（公営競技等を利用して私設の券売り場を開設し利益を得る者）から横流しされたギャングが、ノミ屋のボスのところにすごみにきて言います。

「いいか。これは『倫理《エスィックス》』の問題だ。八百長の情報を横流しされて黙っちゃいられねえ。俺たちが、八百長を信じないで、何が信じられる？　トーシローみたいに運でも信じろってのか、え！」

これには感心しました。「倫理」という言葉を普通とは全く異なった意味で使っているのですが、確かに、ギャングにとってみれば、八百長の情報を統制することこそ「倫理」の核心なのだというのも、確かな真実でしょう。そして、現実の世界で政治家や官僚が「倫理」を口にする場合にも、実は、このギャングの場合と変わりないことが多いのかもしれないという気もしてきます。

このように、映画の始まり数分間のこのシーンを見ただけで、観客は、「倫理」の意味や機能についてもう一度深く考え直してみざるをえなくなる。僕にとっては、第1章の冒頭でふれたマイケル・サンデルの『これからの「正義」の話をしよう』一冊から得られたものより、このシーンから受け取った衝撃的な情報とメッセージのほうがずっと大きく重かったという気がします。芸術、ことに新しい芸術形式である映画やロックには、そんな凝縮された起爆力があるのです。

3 音楽
――自由と可能性の音楽としてのロックとジャズ、作曲家の「声」を伝えるクラシック

リベラルアーツとしてのロック

ロックは、アメリカ、イギリスをはじめとするかなりの国々でポップカルチャー、サブカルチャー、カウンターカルチャーの主要な部分になっていますが、日本の場合には、それは、おおむね一九六〇年代から一九七〇年代に少年時代を送った人々のことに限られるようです。

これはもったいないという気がします。ポップカルチャーとしてのロックの広がりや

影響、起爆力は、映画のそれをしのぐものだったし、今でもなお、潜在的にはそういう力をもっている、つまり、終わった音楽ではないと思うからです。

先の世代には、ロックを聴かなかったら、ぐれたり、暴力をふるったり、引きこもったりして、少年時代に人生をだめにしてしまったんじゃないかと思う、そんなふうに語る人を、かなりの数みかけます。僕自身も、その一人かもしれません。ぐれるとか暴力まではいかなかったとしても、本しか読まないこちこちの優等生、ひいては、そのような法律家や学者になっていた可能性はあると思います。

「若いころにはいわゆるエリート裁判官のコースをたどり、中堅になってからは研究や執筆でも知られ、弁護士や学者からも一定の評価を得ていたのに、そんな人が、なぜ、裁判所、裁判官、裁判を痛烈に批判する本を書かれたのですか？」という質問を、僕の二冊の新書について数多く受けてきましたが、その際には語らなかったより内面的な答えの一つに「ロックを浴びるように聴き、ヌーヴェルヴァーグとアメリカンニューシネマの映画を見ていたから」ということがあるかもしれません。そうした芸術につちかわれた感性をもっていたから、日本の裁判所、裁判官の官僚化が進み、ヒエラルキー的な支配、統制のシステムが確立していったとき、それらに対する違和感が非常に大きくなっていったのだと思います。

このように、芸術から入ってきたものは、頭だけではなく、皮膚感覚、身体の感覚、あるいは文章の組み立て方やリズムにまで染み付いているのですね。僕の文章について、リズム感やめりはりの付け方が一般的な法律家の硬い文章とは異なるという人が多いことについても、文学や批評の影響だけではなく、ロックや映画の影響も大きいと思います。

ロックというのは、様式ではなく、スピリットなのです。ジャズにもそういう部分はありますが、ロックは特にそうです。単なるポップミュージックとロックの分かれ目は、感覚的かつ微妙なものですが、厳然としてあるのです。第1部でプレスリーやジ・オーフスプリングの音楽に関連してふれましたが、圧倒的な自由の感覚を内に含んでいるかどうかということです。また、その自由の感覚は、ある意味、非常に先鋭で、アナーキー(無政府主義的)なものでもあります。

一九八〇年代以降にロックのプロデューサー(本人はプロデューサーと呼ばれることを嫌っているそうですが)として、ざらざらした質感のラフで凶暴な音作りによって一時代を画した、スティーヴ・アルビニという人物がいます。

この人はアーティストとしても一流で、ビッグ・ブラックというバンドを率いて、かきむしるような音作りの、きわめて破壊的でノイジーなロックをやっていました。このバンドのCDは、ジャケットにものすごいことが書いてあったりするので、まじめな外国人に会うような場合には、机の上に出しておけません。ところが、次に彼が作ったバンドの名前は、さらに過激に、何と「レイプマン」でした。日本の漫画から名前を取ったということです。結局、人権団体等から猛攻撃を受け、一年ほどで解散に追い込まれてしまいます。その後作ったシェラックというバンドは、さすがに少しこたえたのか、彼としてはかなりおとなしいものになっています。

プロデューサーなどというのは、本来、熱くなったり自意識過剰になったり落ち込んだりするアーティストを冷静にバックアップする仕事です。そういう仕事をしている人間が、「レイプマン」などというとんでもない名前のバンドを作ってしまう。でも、これもまた、ある意味では、ロック精神のアナーキーな部分、過激な部分の、一つの現れなのです。今では長い伝統のあるパンクロック、それらからも影響を受けたと思われるラップミュージック（これはアメリカンブラックミュージックの一部ですが）にも、過激な表現は非常に多いですね。

ロック音楽は、あらゆる意味での精神の解放区である。基本的にはそういう約束事の世界だということです。また、本来、芸術とはすべてそういうものではないかとも思います。

なお、念のため付け加えておくと、ライターとしての僕自身が暴力や偏見を是認するわけでは全くありません。

まあ、ロックのそうしたコアな部分にまで入ってゆく必要は必ずしもありませんが、次の項目にも記すとおり、ロックは、本来、インターネット上で一曲ずつ切り売りされ、消費されるような音楽ではない、人の運命を変えてしまうような絶大な力をもった芸術だったのだということは、意識して聴いてみるといいと思います。

ジャズという音楽の意味

ジャズの特質を一言で表せば、「フリーでスポンテイニアスな（自由な、自然発生的な）アドリブの音楽」ということになるでしょうか。

僕は、裁判官時代に過労と環境による圧迫からうつ状態を体験していますが、それからの回復期、新築の家の畳の上に寝そべって、来る日も来る日もジャズばかりを聴いて過ごしたことをよく覚えています。

あの時、自分の耳になぜジャズの「声」が一番近く響いてきたかといえば、それは、ジャズが、何よりも「自由の音楽」であるからだと思います。アドリブを主体とし、演奏者が互いの「声」を聴きながらスポンテイニアスに音楽の方向を定めてゆくジャズは、「決めごと」の最も少ない音楽であり、また、長老格のヴェテランが若者のバックを支えるような形までをも含めた、その時々の自在なアンサンブルの作り方が可能な、ヒエラルキー的なピラミッドからは最も遠い音楽です。僕が裁判所の官僚機構に窒息しそうになりながら過ごしていたその時期に、ジャズが何よりも切実に耳に響いてきたのは、当然のことでした。

ジャズの歴史には巨人的存在が多く、彼らのアルバムを合わせるとジャズの名盤の相当部分を占めてしまうのですが、その中でまず第一に挙げられるのは、マイルス・デイヴィスでしょう。その時々の若く優秀なサイドメンの創造性をうまく引き出し、採り入れつつ、彼らを適切にコントロールもして、どんどんスタイルを変えながら、常にジャズの最前線を走り続けました。

ことに、そのエレクトリック導入期、一九六八年から七五年ころまでの彼の音楽は、ロックに対する対抗意識で燃え上がっており、一つ一つのアルバムに興奮させられたものです。当時は、ジャズファンよりもむしろロックファンのほうが彼の音楽を認めていました。ジャズファンの多くは、彼の音楽についてゆけず、拒絶反応を示していたのです。この時期のアルバムの中で特に質が高くかつ比較的取っ付きやすいのは、この時期最後の日本におけるライヴ『アガルタ』と『パンゲア』でしょう。

クラシックという音楽の意味

クラシック音楽（正しい英語はクラシカルミュージックです）の本質は何でしょうか。十分に楽譜が読めなくてもなお伝わってくるクラシック音楽のサムシング、それは、マニアックなクラシックファンのいうところの技術や芸ではなく、僕には、やはり、作曲家と演奏者の「声」であるように感じられます。

たとえば、同時代の音楽家でも、ベートーヴェンの「声」とシューベルトの「声」とでは全く異なります(なお、亡くなった年をみると、意外にも、ベートーヴェンのほうが一年早いだけです)。ベートーヴェンには常に構築の意思があり、ことに交響曲の場合にそうですが、音楽が、堂々とした講演のように、周到かつ明確に組み立てられています。よく響く、強い声であり、他人に聴かせることをはっきりと意図している声でもあります。

しかし、室内楽になると、その声の性格はより微妙になります。彼の最も個人的な音楽と思われるピアノソナタ、ことに後期の作品の一部では、ベートーヴェンは、もはや同時代には誰も彼の声を聴きうる(その水準に達しうる)者がいないので、みずからに問いかけ、みずからと、また、その向こうに存在するであろう未来の聴き手と、対話しているように感じられます。

シューベルトの音楽は、対照的に、徹底して無償のものです。天性の声をもった語り手が、音楽仲間たちをはじめとする彼の共同体との交歓のために、語りたいままに語り、歌っているという印象が強い。

ところが、晩年の作品では、そうした音楽の自然な流れが薄れ、構成は大きく複雑になり、果てしない繰り返しや転調が延々と続くようになります。こうした作品は、かつては、構成が弱いものと考えられていました。しかし、おそらく、そうではない。若くして多くのことに敗れ、身体も弱っていた晩年のシューベルトは、かつては湧き上がるままに友人知人に聴かせていた「歌」を、今はただ自分自身のために歌っているのです。

晩年のシューベルトの長大な作品に込められているのは、おそらく、絶望と、無垢への深い憧憬《しょうけい》です。シューベルトは、もはや音楽の中にしかありえない彼の失われた無垢《イノセンス》を愛惜《あいせき》しながら去っていったのです。

モーツァルトの場合は、ほかのどの作曲家とも異なります。彼の「声」は、類をみない特異なもので、いわば、アンプを介さずにプレーヤーからダイレクトにスピーカーに響いてしまう信号のようです。

彼の音楽の情緒は、彼のその時々の感情に対応したものとは限りません。たとえば、彼の宿命の調性といわれたト短調の作品の一部、交響曲第二五番や弦楽五重奏曲第三番では、曲の冒頭から、何の前置きもなく、暴風のように激しい感情が堰《せき》を切ったようにあふれ出します。それは、きわめて純度の高い嘆きの声のように聴こえますが、作曲者がそうしたことを意図して音楽を作っていたのかどうかになると微妙です。天才中の天才である彼の「声」は、時と所を問わず、ある時突然にその居場所を見出して、間歇泉《かんけつ》のように激しく噴出するのです。言葉を換えれば、モーツァルトの音楽は「個性」を超越しています。だからこそ、それは、聴き手に深い癒《いや》しをもたらすのでしょう。

僕にとって、クラシック音楽を聴くことは、こうした作曲家の「声」と、それをみずからの解釈によって聴衆に仲介しようとする演奏者の「声」とを併せて聴くことです。そのような聴き方をする限り、中世、ルネサンスの音楽から現代音楽まで、聴けない音楽はないと思います。もちろん、バロック音楽以前の音楽や現代音楽の「声」については、それを聴き取るためにある程度の努力が必要とされるかもしれませんが。

クラシック音楽は、いわば、非常に感覚的な論理の流れであり、言葉を介しないで音楽家が伝えてくる「声」であり、ストーリーのない物語なのです。そして、そうした物語が占める場所の連なりは、やがては聴き手自身の「場所」ともなり、その精神のよりどころともなるでしょう。それは、もちろん、聴き手の人生を構成するパースペクティヴ、ヴィジョンの一部にも、組み込まれてゆくはずです。

4 漫画
――批評的精神とポップ感覚を兼ね備えた大衆芸術

リベラルアーツとしての現代漫画

第2章「1 哲学」の項目等でふれた鶴見俊輔は、早くから、漫画を芸術、大衆芸術ととらえていました。一般的にも、戦後の漫画に圧倒的な影響を与えた手塚治虫等の作品については、比較的早くからそうしたとらえ方はありました。しかし、漫画が芸術の一分野として広く認知されるようになったのは、一九六〇年代のことではないかと思います。

ちょうどそのころから凋落《ちょうらく》傾向がみえ始めた日本映画に代わり、日本の現代漫画は、そのすぐれた部分をとってみれば、同時代の芸術表現の中でも最もエネルギー、力のあるものの一つとなりました。漫画は芸術表現の中でもことに感覚的な様式であり、また、その根底には在野的な批評精神があります。鳥獣戯画に始まる日本の漫画の伝統は、民族性と芸術形式の結び付きという意味でも非常に興味深いものだと思います。

漫画からも十分に養える批評的精神とポップ感覚

日本人は知的水準の高い民族だと思いますが、すでに記してきたとおり、批評的精神や客観性に関しては、必ずしもそうはいいにくいようです。合格者が数倍になった今でも日本の司法試験の難しさはかなりのものなのに、弁護士、あるいはその訴訟活動の平均レヴェルがなお今一つなのには、このことが関係しているように思います。

アメリカの弁護士の裁判官評価アンケート結果が的確なのに対し、日本のそれは、数が非常に少ないのでやむをえない面もありますが、おおむね浅く、だまされやすく、また、主観的、情緒的なものが目立ちます。

この相違は、第2部のはじめのほうでふれたインターネット上のブログや各種のレヴューの記述における英米のそれと日本のそれとの相違と、まさにパラレルなのです。

鶴見俊輔は、かつて、白土三平の『忍者武芸帳影丸伝』（唯物史観による貸本漫画の秀作）が読みこなせる学生は、日本の学生としてはかなりすぐれたほうに属すると書きました。僕も、質の高い漫画についてきちんと読みこなし、分析ができる学生は、これは必ずしも日本に限ったことではなく、確実にすぐれた部分に属すると思います。それができれば司法試験も多分受かる、少なくとも、より受かりやすいでしょう。

つまり、真剣勝負で向き合えば、漫画も法学も変わらないということです。これがわかれば、あれもわかります。

なお、法学はポップ感覚からはほど遠い学問ですが、僕の本には、専門書についても、映画、ロックやジャズ、漫画から学んだポップ感覚が隠し味として施してあるつもりです。あらゆる事柄は、あらゆる事柄に応用できるのです。

現代漫画の芸術的基盤を築いたのは、一九四〇年代の後半から五〇年代生まれの人々で、おおよそ僕の前後の世代です。その後に漫画表現の枠をさらに広げたのが、六〇年代、七〇年代生まれの人々ですが、僕がお薦めできる一群の漫画家についていえば、一番若い五十嵐大介でも一九六九年生まれで、すでに四〇代の後半になります。

その後のいわゆるアニメ・ゲーム世代になると、大きな存在感のある人は今のところまだ少ないように感じられます。漫画は現代日本文化の中核に位置するジャンルだと思うので、才能ある若者たちが続いてほしいものだと思います。

5

広い意味での美術
――視覚的な美意識の核を形作る

リベラルアーツとしての美術の重要性

美術は、写真や映画がなかった時代には、記録の手段でもあり、視覚によって芸術家のインスピレーションを人々に伝える唯一の手段でもありました。現代でも、教養としてのリベラルアーツの領域に含まれることは明らかです。「美」というのは人間共通の基本的な価値観、価値意識であり、すでに述べてきたとおり、芸術全般のみならず、書物についても、それが後世に残るか否かといった観点からは、著者の文章術やレトリック、すなわち美意識が問われます。美意識を欠いた情報やメッセージが人の心を深くとらえることは難しく、そして、人間のそうした美意識の中核を形作るのは、美術と音楽という二つのリベラルアーツの領域なのです。芸大には美術学部と音楽学部があることからも、そのことがわかります。

ことに、絵画は、人間が美を表現する際の最も基本的な手段の一つとして昔から重要でしたし、近代に入って多数の天才が矢継ぎ早に登場したことから、確実に美術の中心に位置するようになりました。

絵画は、文学のように複雑な事柄や感情を詳しく表現できるわけではなく、音楽のようにはなやかでもありませんが、完結した小宇宙としての均整、美しさ、深みといった点については、随一ではないでしょうか。時間的要素を含まず、一〇秒でも鑑賞可能だし、逆に一日中見ていてもかまわない、そのような意味では、受容する側に多くの自由を残してくれている芸術形式でもあります。

美術、写真、漫画は、僕の中では、ボーダーレスに、ゆるやかにつながっています。それは、おそらく、絵画的、視覚的なイメージ、それらに共通する広い意味でのエロス的なニュアンスを介してのことなのでしょう。また、子ども時代に友達の家や図書館で飽かずめくり続けた美術書から学び取ったイメージは、今でも、幼少年時代に暮らした町のイメージと並んで、僕の美意識や夢のトーンを決定しているように感じられます。そうした意味では、無意識の深いところに入ってきてその人の視覚的な美意識やセンスの核を作るのは美術、ことに、現代人にとっては絵画ではないかと思います。

美術については、言葉がくっついているわけではなく、視覚的イメージがすべてですから、自分自身の私的なイメージ、情緒との結び付きを大切にしながら眺めてみることをお勧めします。ただの名作という以上の何かがみえてくるはずです。

美術作品については、今では、美術展のみならず、旅行、ことに海外旅行の際に、オリジナルを見ることが容易になりました。ただ、何の感覚も予備知識もないままにオリジナルを見ても、得られるものは多くないと思います。美術については、鑑賞の方法を知っておくことも大切です。

いわゆる「絵画の見方」に関する本は、定評のあるものはおおむねよく書けていますが、僕には、特に強く心に残っているものまではありません。絵画については、やはり、個々の画家の作品をまとめて楽しみながらその見方についても学ぶのが一番ではないかと思います。

たとえば、美術出版社の『世界の巨匠シリーズ』(函《はこ》入りの大型本で、多くの図書館に備えられています)は、印刷の質が抜群ですし、欧米の解説執筆者も充実しているので、それらをじっくり眺めながら時には解説も読んでみることをお勧めします。海外旅行が容易になったことなどの反面として、美術書は売れなくなってしまいました。したがって、今後、このシリーズをしのぐ全集が出ることは、もう、おそらくないと思います。

なお、このシリーズは、後に函なしの廉価《れんか》版も出ていますが、そちらは印刷の質が落ちます。ユーズドを購入する場合には注意してください。ほかに、集英社等も何度か世界、日本の美術全集を出しており、それらについては、インターネットオークションで全巻セットを容易に安く入手できます。

関連して、第六感の重要性についてお話ししておきましょう。

僕は、ある時、ふと、先の『世界の巨匠シリーズ』(何冊かは持っていました)を手元に置きたくなってインターネットで調べているうちに、このシリーズの大半でかつ状態のよいものが、初めて見たヤフーオークションのページにセットで安く出ているのを見付け、さっそくサイトに登録して落札したことがあります。大荷物が着いて家族から叱られましたが、僕は大変満足でした。ユーズドを一冊ずつ買っていたら、お金も手間もかかり、また、入手困難なものもいくらか含まれるシリーズだからです。

これ自体はごく小さなことにすぎませんが、僕は、こういうふうに、ある瞬間しか手に入らないものを偶然手に入れたり、蜘蛛の糸がつながるようなわずかな可能性で新しい仕事の機会や人間関係にたどり着いたことが、かなりの回数あります。僕は、こうしたことを「守護天使の導き」と呼んでおり、それも正しいと思いますが、実は、運命論を持ち出さなくても、説明のつくことではあるのです。

人間には動物の一種として「第六感」というものがあり、ある領域の事柄に感覚を研ぎ澄ましていれば、そうした事柄については、無意識の計算によって、五感を超えた直感を働かせることが可能になるからです。このことは多くの人々が書いていて、僕に限ったことではありません。そして、実際には、どんな仕事でも、こうした直感の働きによって助けられる場合がかなり多いのです。また、こうした第六感の働きも、当然のことながら、その人のバックグラウンドに大きく左右されます。リベラルアーツ的な情報や感覚の蓄積は、こうした側面でも非常に重要なのです。

虚構と真実のせめぎ合いとしての写真芸術

美術の一角を占める写真については、映画と同じく、虚構という要素が大きい芸術だと思います。写っているのが現実の「もの」や「モデル」であるからこそ、かえって、写真は、避けようもなく、撮影者の心をあぶり出してしまいます。たとえば、同じモデルを何人かの写真家が撮ると、それぞれの写真家の撮った写真におけるモデルの顔が違って見える、具体的にはそれぞれの写真家に似て見える、ということがいわれます。つまり、写真家は、無意識のうちに、モデルが自分に近い顔に見える角度や表情を選択しているということです。無色透明なはずの商業写真でさえ、こういうことが起こるのです。

これは記録映画の場合でも同じことで、たとえばマイケル・ムーア監督の『華氏911』のタイトルバックは、会見に備えてメイクアップを行っているブッシュ大統領らアメリカ政府高官の映像ですが、この映像は、編集と音楽によるわずかな効果が加えられることで、ただそれだけで、ブッシュを仇敵《きゅうてき》としていた左派ムーアの激しい憎しみによって、今にも燃え上がらんばかりに見えます。記録映画は、劇映画以上に主観的なものになりうるのです。そうした虚構と真実のせめぎ合いこそ、写真、また記録映画の本質なのではないでしょうか。ことに、芸術写真の場合には、写されているのは実はむしろ写真家の内面なのではないかと思うほど、撮影者の主観が色濃く出ていることがよくあります。

写真集は、洋書（輸入もの）が圧倒的にいい。価格は高めですが、買えないというほどではありません。芸術に興味のある人は、大きな書店の輸入書コーナーでじっくり立ち見をしてみることをお勧めします。必ず、一人や二人は、自分の感性に強く訴えかけてくる写真家が見つかるはずです。また、写真家については、有名な人であるか否かにこだわらないほうがいいと思います。有名な写真家は時事的なものにすぐれた人が多いのですが、僕は、そういう方向の写真にはあまり興味がありません。美術に近い、審美的、内面的なものを多く選んでいます。

美術、写真はいずれもきわめて感覚的な表現であり、その意味は、音楽の場合と同じく、みずからの中に、みずからのよりどころとして、そうした感受性が働きうる柔軟な場所を保っておくことにあるのではないかと思います。

海外旅行で美術を見る、また、文化を肌で感じる

美術については、かつては複製で鑑賞するのが一般的であり、だからこそ先にふれたようなすぐれた美術全集も出ていたのですが、近年は、展覧会や海外旅行で実際に作品を見ることが容易になってきました。そこで、海外旅行と広い意味での美術の関係についても書いておきたいと思います。

最近は、海外旅行に出る人の数が本当に多くなりました。一つの都市とその周辺に滞在する場合にはインターネットで航空券とホテルを予約すれば十分ですが、短期間で一つの国を一通り回りたいといった場合には、旅行社のツアーも便利ですね。何かと制約は多いですが、その半面、わずらわしい手続から解放されて、見ること、感じることに集中できるというメリットもあります。

ツアーのデメリットは、ツアーという「パック」の中から一歩も出ずに、いわば、輸出された「日本」の中からパノラマのように「世界」を見物する姿勢になりがちだということです。しかし、この点は、心がけ次第で、ある程度改善、工夫できることでもあります。

僕も、数年前に、初めての団体ツアーで、それまで訪れたことのなかったスペインに行ってきました。

大都会の雑踏はどこも同じで、午後のマドリッド中心部からは絵はがき的感覚しか得られませんでしたが、夕食後にホテルから出てしばらく散歩した「夜のマドリッド」はよかったです。空気感が日本とは異なり、赤、黄、青等の光がくっきりとした縁取りで浮き立って見えます。小さな公園で、高校生くらいの少年を筆頭にした四人の黒人兄弟姉妹がボール遊びをしているのをベンチに座ってしばらく見ていましたが、彼らの軽やかで妖精的な身のこなしは、とても魅力的でした。僕はアメリカに一年間いましたが、アメリカの黒人の子どもたちについて、そんな印象をもったことはありません。その公園の子どもたちの発散していたオーラは、明らかに、スペインのお向かいであるアフリカの現代ポピュラー音楽奏者たちが発散している強烈な明るさに、より近いものでした。

プラド美術館にいられた時間はわずかでしたが、僕は、ガイドからあまり離れない範囲でなるべく多くの絵を見るようにしていました。ヴェラスケスの『ラス・メニーナス（宮廷の侍女たち）』はその精緻な構図で有名な作品ですが、近くで見ると、前景の幼い王女にハード・フォーカスで焦点が合わせられていて、王女から離れるにつれて焦点がぼけるという写真同様の描き方がされていることがわかって、驚きました。彼の時代に写真などあったわけはないからです。このことに限らず、ヴェラスケスは、人間の視覚の働きを知り尽くしてこの大作を描いていることが、現物を見ると、はっきりとわかりました。

ゴヤの有名な一対の絵画『裸体のマハ』と『着衣のマハ』は、現物を見ると、明らかに前者のほうが精魂込めて描かれており、後者は、あくまで比べればということですが、インスピレーションに欠け、見劣りがします。細かな部分を見てゆくとそれが歴然としているのですが、これも、画集ではなかなかわかりません。

『裸体のマハ』における、うっすらと静脈が浮き出して見えるような裸婦のきめ細かな白い肌とそこに戯《たわむれ》る光の描写の繊細さには、唖然《あぜん》とするほかありませんでした。

また、ヴェラスケスがモデルである王族たちを常にいくぶん美化して描いているのに対し、ゴヤは、『カルロスⅣ世の家族』で、冷たいほど即物的に、彼らの秘められた性格までをもキャンヴァスに写し取っている、その対照も、現物を見るとよくわかります。ゴヤ晩年の『黒い絵』と呼ばれる連作も、完全に印象派以降の絵画を先取りしており、画集で見るそれをはるかにしのぐ迫力でした。

プラド美術館といえば、フラ・アンジェリコの代表的傑作の一つ『受胎告知』があるのに、どの国のツアーも、これを無視しています。僕は、売店での買物にあてられた一〇分余りのうちに引き返して、たった一人で、数分間、この輝くようなルネサンス絵画を独占してじっくり見てきました。

セルバンテスが『ドン・キホーテ』の中でモデルに使ったという旅館でしばらく休憩した際には、その周囲を少し歩いてみました。雑踏をほんの少しでも離れると、土地の精が何かを語りかけてくる、外国では、いつもそういう感じがします。

この短い散歩中に古い建物越しに見た真っ青な空とそこに貼り付けられたように動かない白い雲は、ダリの絵に出てくる風景そのもので、ダリは、わざとあんなふうに描いたわけではなく、自分がよく見知っている風景の超現実性をただ際立たせたにすぎないということも、よくわかりました。

スペインの強烈な陽光に照らされた風景は、いくぶん非現実的な輝きを帯びます。この国からダリ、ミロ、映画監督のルイス・ブニュエルなど名だたるシュールレアリズムの芸術家が出ていることは、偶然ではないと思います。

ほかにも、グラナダの古い小さな町の幻想的な夜景、その広場で遅くまで遊ぶ子どもたち（僕が仕事で滞在した沖縄でもよく見た光景でした）、軒先に椅子を出して、父親とともに、ワインらしきものをコップから飲んでいる、健康的に太った、まるでバッカスの子どもを思わせるような、半ズボンだけでおへそを出した半裸の少年など、ツアー本来の行程からちょっと外れたところに、その国の文化や人々の暮らしぶりの片鱗《へんりん》を見ることができました（なお、ギリシア神話のディオニュソスが、ローマ神話のバッカスに当たります）。

僕の場合、海外旅行の目的は、その国の総体としての生きた文化と過去の文化の双方を見、感じてくることです。そのような趣旨から、美術という項目に関連して、海外旅行の一側面をも取り上げてみました。

6 まとめ

第3章では、文学に始まり、映画、音楽、漫画、広い意味での美術まで、芸術に関する幅広い領域を取り上げました。

芸術は、現実の重みに匹敵するある確実なリアリティーを提供し、そうすることによって、僕たちの人生と世界を側面から照らし出し、その意味を明らかにするものです。そして、僕たちの知性と感性を伸ばし、現実認識と想像力を研ぎ澄ますためにも役立つものです。決して、消費される楽しみにとどまるものではありません。

価値観、人生観、世界観、人間知、人間性に対する洞察力等の基盤としての「教養」、リベラルアーツという意味で、芸術は、すでにふれた自然科学系の書物、社会・人文科学系の書物と並んで、重要なものだと思います。

むしろ、僕自身は、考える方法、感じる方法、書き、訴える技術という点では、オールジャンルの芸術からより多くを学んできたかもしれないと思いますし、個々の作品から受けたインパクトの深さについても、芸術の場合に際立ったものが多かったという気がしています。

僕は、いわゆる「団塊の世代」後の、比較的地味で目立たない世代に属していますが、二〇世紀後半という、芸術上のムーヴメントが盛んですぐれた作品が数多く生み出された時代に成長したという意味では、非常に恵まれていたと思います。

芸術の欠点をあえて挙げれば、ジャンルや作家によっては、一つ一つの作品の切り口、視点が限られている場合があるということでしょう。深いが狭いということです。しかし、その狭さは、第1章や第2章で解説したような書物から得られるパースペクティヴやヴィジョンの中にそれを置いてみれば、また、ボーダーレス、ジャンルレスの横断性、歴史と体系の視点をもって個々の作品をみれば、かなりの程度に補えます。もちろん、偉大な芸術家は、皆、自分の内に固有の世界観や考え方、感じ方の秩序をもっており、ドストエフスキーやトルストイのように思想家を兼ねるほどその水準が高い場合も、まれではありません。

それに、何より、芸術には楽しみの要素が強いので、学ぶことがより容易だという大きなメリットがあります。

あとがき——リベラルアーツが開く豊かな「知」の世界

あとがき
——リベラルアーツが開く豊かな「知」の世界

この本では、リベラルアーツを学ぶことの重要性、それを身につけるための方法、個々のジャンルごとの具体的な学び方について、「はしがき」に始まり個々の各論に至るまで、詳しくお話ししてきました。

それらについての僕の考え方やメソッドはもう十分に理解していただけたのではないかと思いますので、あとがきは、なるべく簡潔に終えたいと思います。


「知りたい」というのは、人間の基本的な欲求の一つであり、もしかしたらその最大のものかもしれません。たとえば、トルストイの「イヴァン・イリイチの死」の主人公は、死に臨《のぞ》んで、みずからの人生の意味について悶《もだ》え苦しむほどに激しい自問自答を繰り返しますし、諸星大二郎の漫画の主人公たちを突き動かす衝動も、常に、「この世界の成り立ちとみずからの生の意味を知りたい」というものです。

現代においては、情報社会化の進行に伴い、人々は、雑多な情報に埋もれて、先のような人間の基本的で純粋な衝動を失いがちになっています。しかし、情報の海におぼれ、刹那《せつな》的なコミュニケーションを繰り返しても、必ずしも人生は豊かにならない、そこには何か大切なものが欠けている、そのことに気付き始めている人々、また若者も、多いのではないでしょうか？

現代に生きることのメリット、デメリットはいろいろありますが、僕は、自然科学がこの世界の成り立ちをかなりの程度に明らかにしてくれた時代に生きられたことは、それだけでも、大きな幸運だろうと思っています。自然科学の項目でもふれたように、僕たちの住むこの広大な宇宙は、ほんのわずかな量子的揺らぎから生まれたということ、また、宇宙は無数に存在し、その中には僕たちの宇宙ときわめて近い宇宙も存在しうるということ、したがって、人間存在は、ある意味では、有限ではなく、孤立した存在でもないということ、こうした事実を知る前と知った後では、僕自身の世界観や人生観は、確実に変わったからです。

この宇宙が「ある」というのは、考えてみればそれ自体一つの奇跡であり、ある意味では、僕たちは、奇跡の中に住んでいるのです。そして、あらゆる種類のリベラルアーツは、その奇跡の一端にふれようとする人間の企てだともいえます。僕たちがそれらから学びうるのは、単なる発想や方法にとどまらず、もっと深いものでもあるのです。

本文では、経典としてではなく、リベラルアーツの古典として、『新約聖書』に言及しました。しかし、僕が近年最も大きな感銘を受けた聖書の言葉は、実は、『旧約聖書』からのもので、アメリカ映画屈指の名監督テレンス・マリックが、彼の代表作と目すべき『ツリー・オブ・ライフ』の冒頭で引いた言葉でした。

わたしが大地を据えたとき お前はどこにいたのか
そのとき、夜明けの星はこぞって喜び歌い 神の子らは皆、喜びの声をあげた旧約聖書中でも最も暗い謎に満ちたセクションといわれる「ヨブ記」からマリックが先のような輝ける言葉（第三八章第四節、第七節）を抜き出して、親子、兄弟、夫婦の確執《かくしつ》を描いたこの映画の冒頭に添えた意味は、深いと思います。

僕たちの宇宙は、一三八億年前に、ほんのわずかな量子的揺らぎから生まれました。先にも記したとおり、奇跡は無数にあるとしても、この宇宙が「ある」ということ以上の奇跡は、そこに住む僕たちにとってはありえないでしょう。

そのような宇宙、この世界が、よきものとして始まったことを信じたいものです。

また、そのような「知」がもたらされ、もし望むなら、この世界と人々、自己と他者についていくらでも学びうる時代に生きていることをも、喜びたいと思います。

最後に、このエッセンシャル版の編集作業を担当してくださった松石悠さんに感謝の意を表します。

二〇一七年一二月一二日

瀬木 比呂志

リベラルアーツカレッジシリーズのサイトがオープンしました

世界が変わる 世界を変える

DISCOVER 21

LIBERAL ARTS COLLEGE

http://www.lac21.com

現在、世界は大きな節目を迎えています。お金も経済もビジネスも価値と在り方を大きく変えようとしており、数年先の未来も読み切れないような時代を迎えています。

「ディスカヴァー リベラルアーツカレッジ(Discover 21 Liberal Arts College)」シリーズ及びサイトは、この変革の時代を生きるビジネスパーソンに対して、自分自身とその周りの世界を変えていくための広い教養と本質を見抜く思考法を見出したいという思いから立ち上がりました。個人の成長と社会の発展に貢献できる価値を提供していきます。

それは、20世紀の価値基準がまさに最後の栄華を誇っていた時代に、21世紀の新しい価値基準の選択肢を提供する会社として設立された、わたしたちディスカヴァー・トゥエンティワンのミッションそのものでもあります。

「世界が変わる、世界を変える」――新しい時代を創っていく方々と共に成長できるシリーズとなれば、これほど嬉しいことはありません。

2018年1月

干場 弓子

LIBERAL ARTS COLLEGE

リベラルアーツの学び方
エッセンシャル版

発行日 2018年1月30日 第1刷

Author 瀬木比呂志

Book Designer/DTP 辻中浩一 内藤万起子 吉田帆波（ウフ）

Publication 株式会社ディスカヴァー・トゥエンティワン
〒102-0093 東京都千代田区平河町2-16-1
平河町森タワー11F
TEL 03-3237-8321（代表）
FAX 03-3237-8323
http://www.d21.co.jp

Publisher 干場弓子

Editor 干場弓子 堀部直人 松石悠

Marketing Group Staff 小田孝文 井筒浩 千葉潤子 飯田智樹 佐藤昌幸 谷口奈緒美 古矢薫 蛯原昇 安永智洋 鍋田匠伴 榊原僚 佐竹祐哉 廣内悠理 梅本翔太 田中姫菜 橋本莉奈 川島理 庄司知世 谷中卓 小田木もも

Productive Group Staff 藤田浩芳 千葉正幸 原典宏 林秀樹 三谷祐一 大山聡子 大竹朝子 林拓馬 塔下太朗 木下智尋 渡辺基志

E-Business Group Staff 松原史与志 中澤泰宏 伊東佑真 牧野類

Global & Public Relations Group Staff 郭迪 田中亜紀 杉田彰子 倉田華 李瑋玲 連苑如

Operations & Accounting Group Staff 山中麻吏 吉澤道子 小関勝則 西川なつか 奥田千晶 池田望 福永友紀

Assistant Staff 俵敬子 町田加奈子 丸山香織 小林里美 井澤徳子 藤井多穂子 藤井かおり 葛目美枝子 伊藤香 常徳すみ 鈴木洋子 内山典子 石橋佐知子 伊藤由美 押切芽生 小川弘代 越野志絵良 林玉緒 小木曽礼丈

Proofreader 文字工房燦光

Printing 大日本印刷株式会社

ISBN978-4-7993-2210-9